AF672501

Geschichten in Sepia

Ilona Picha-Höberth

Über die Autorin:

Ilona Picha-Höberth ist freie Erzählerin und Autorin.

Neben ihren künstlerischen Erzählveranstaltungen hält sie Vorträge, Seminare und Workshops, um die tiefenpsychologische Bedeutung und heilende Botschaft von Märchen und Mythen zu vermitteln.

Bisher im creAstro-Verlag erschienen:

»Wer küsst Rapunzels Schuh?«	2005
»Picco – ein Märchen«	2008
»Märchen vom Grünen Fluss«	2010
»Stille Nacht – Raue Nacht« CD	2010
»Märchen von der Unmöglichkeit ...«	2012
»Dunkles Land«	2016
»Seelenbrüche«	2018
»Stille Nacht – Raue Nacht« Buch	2019
»Zeit-Los«	2019
»Wasserburg mit anderen Augen sehen«	2020
»Wasserburg verWunschen & verZaubert«	2021
»Spieglein, Spieglein«	2022
»Das Haus der Uhren«	2022
»Am Spinnrad der Zeit«	2022

Nähere Informationen: picha-hoeberth.com

Ilona Picha-Höberth

Geschichten in Sepia

Illustrationen
Gerhard Höberth

creAstro Verlag

Besuchen Sie auch die Website www.creAstro.de

Die Deutsche Bibliothek – CIP Einheitsaufnahme

Bibliografische Information der Deutschen Bibliothek. Die Deutsche Bibliothek verzeichnet diese Publikation in der Deutschen Nationalbibliografie; detaillierte bibliografische Daten sind im Internet über http://dnb.ddb.de abrufbar.

Ilona Picha-Höberth

»Geschichten in Sepia«

Wasserburg am Inn,

Creastro-Verlag 2024

ISBN 978-3-939078-24-1

© 2024, Ilona Picha-Höberth

Alle Rechte vorbehalten. Das Buch darf – auch auszugsweise – ohne vorherige schriftliche Genehmigung der Autorin in keiner Form wiedergegeben werden.

1. Auflage 2024

Umschlagsfoto: Ilona Picha-Höberth

Illustrationen: Gerhard Höberth

Printed in Germany

»There is a crack in everything ...«
Leonard Cohen

»Nur durch Geheimnis und Wahnsinn
wird die Seele offenbart.«
Thomas Moore

Die Personen und die Handlung in den Geschichten dieses Buches sind frei erfunden. Etwaige Ähnlichkeiten mit tatsächlichen Begebenheiten oder lebenden oder verstorbenen Personen wären rein zufällig.

Inhaltsverzeichnis

1. Martha

Das ganze Dorf war versammelt, obwohl es mindestens zwei gute Gründe dafür gab, nicht zu ihrer Beerdigung zu gehen. Der eine war der plötzliche Wetterwechsel, der nach einigen schönen, warmen Tagen, die Schleusen des Himmels geöffnet hatte und nun wahre Sturzbäche auf die Trauergemeinde regnen ließ. Der andere mag der weit Bedeutendere gewesen sein: Die Verstorbene wurde von keinem betrauert. Niemand würde sie vermissen, niemand auch nur eine Träne über ihren Tod vergießen. Man hatte sie gehasst und böse Zungen munkelten sogar, dass einige der Anwesenden nur deshalb zum Friedhof gekommen waren, um sich mit eigenen Augen davon zu überzeugen, dass ihr Sarg gut verschlossen und unwiederbringlich in den Tiefen der schwarzen Erde versank.

Ja, Martha war eine ungeliebte Frau. Über 70 Jahre hatte sie hier im Dorf gelebt und doch war sie immer eine Fremde geblieben. Seit sie damals, nach dem Ende des großen Krieges, inmitten des erbärmlichen Zuges von Heimatvertriebenen, hierher kam. Der Bürgermeister hatte sie dem Birkenhof zugewiesen, dem größten und prächtigsten Anwesen des Sprengels. Und da stand sie nun, schmutzig, verlaust, mit großen hungrigen Augen, die misstrauisch aus einem mageren, bleichen Gesicht herausleuchteten, zitternd im kühlen Abendhauch. Nein, sie erwartete keine überbordende Begrüßung. Aber vielleicht mochte sie selbst es als besonderes Omen betrachtet haben, als Zeichen des Schicksals, dass sich genau in dem Moment, in dem sie durch das Hoftor ging, ein Regenbogen von Horizont zu Horizont erstreckte und ihr der alte Bauernhof deshalb wie der so lange vergebens gesuchte Goldtopf erschien. Die Hofherrin sah das anders. Sie dachte gar nicht daran, auch nur einen dieser bettelnden Hungerleider und Habenichtse mit offenen Armen zu empfangen. Wer sollte dieses halbe Kind durchfüttern? Sie vielleicht? Wovon denn? Nein, um wenigstens einige Brocken kalter Kartoffeln und saurer Milch gegen den ärgsten Hunger zu bekommen, musste bei ihr schon jemand hinlangen, mitarbeiten wie eine erwachsende Magd. Das galt auch für dieses Mädchen, wie für alle aus dem großen Heer der Heimat- und Besitzlosen, die nichts anderes mehr besaßen, als den Wunsch nach Leben. Wer sollte in ihnen schon etwas anderes sehen, als ewig bettelndes Gesindel, dass sich dankbar zeigen musste für Arbeit und Brot? Was hatten sie schon und was brachten sie mit sich außer den Geschichten, die nicht erzählt werden durften, die in ihren Seelen eingeschlossen werden mussten, wie dunkle Schatten, die noch Generationen später ihre giftige Saat streuen würden, von verhungerten oder erfrorenen Kindern, von vergewaltigten Frauen und erschlagenen Männern?

»Wir haben nichts zu verschenken und schon gar nicht an dahergelaufenes Pack! Wer essen will, muss es sich verdienen!« Hart waren die Worte der Bäuerin, die mit eiserner Hand über den Hof herrschte. Sie, die einst selbst aus ärmlichen Verhältnissen hier eingeheiratet hatte, gegen den Willen der Schwiegereltern, die seit Generationen hier verwurzelt waren wie die alten Bäume, regierte mit Strenge und wenig Geduld. Viel zu hart hatte sie geschuftet, stillschweigend jede Demütigung hingenommen, immer wieder tief durchatmend, sich zusammenreißend, um endlich einmal zu denen zu gehören, die das Sagen haben, zu denen, die Hab und Gut *und* Land und Menschen besaßen, die dieses Anrecht auf Eigentum bereits mit der Muttermilch aufgesogen hatten. Deren Wort zählte und die keinen Widerspruch dulden mussten. Jetzt hatte sie es geschafft: Der Hof war der ihre, der Hof, auf den vor ihr schon Generationen von Bräuten eingezogen waren, auf dem Kinder gezeugt, geboren und gestorben waren, auf dem die Frauen stumm ihren Kummer in ihren Herzen und ihre nimmermüden Hände in Arbeit vergruben. Den Hof, den man nicht mehr verließ, so lange, bis man mit den Füssen voran über die Schwellen nach draußen getragen wurde und begleitet von der betenden Dorfgemeinschaft auf dem Gottesacker seinen letzten Frieden fand. So wie ihre Schwiegereltern, als sie endlich tot waren - tot und begraben. Gott hab sie selig!

Dann aber kam dieser unsinnige Krieg, der ihr den Mann nahm, der noch immer nicht zurückgekehrt war. Für dessen Heimkehr sie betete Tag und Nacht.
»Vater unser ...«, »Erlöse uns von dem Bösen ...«, »...und vergib uns unsere Schuld.«

Nur dafür lebte sie, nur für ihn hielt sie Haus und Hof zusammen. Dafür, dass er eines Tages zurückkehren und sie ihm endlich den lang ersehnten Hoferben schenken würde.

Dass mit Martha etwas nicht stimmte, sah sie gleich. Es lag an den Augen dieses Mädchens und es zeigte sich in ihrem Verhalten. Niemals eine Geste der Unterwürfigkeit, niemals ein Wort des Dankes, wenn man ihr ein Stück Brot gab. Martha hatte den bösen Blick! Mit dem ersten Schritt, den sie auf diesen Grund und Boden tat, kam das Unglück auf den Hof und ein unheilvolles Verhängnis nahm seinen Lauf. Die Bäuerin ließ sie nicht aus den Augen. Jede Regung, jeden Handgriff von ihr überwachte sie und so blieb ihr auch nicht verborgen, dass das Mädchen mit den Krähen sprach, mit den Eidechsen und Käfern und offensichtlich mit dem Bösen im Bunde stand. Was half es der Bäuerin, dass sie in stillen Zwiegesprächen, bittend, flehend und kniend, mit erhobenen gefalteten Händen, ihr Gottvertrauen zu stärken suchte? Das Mädchen brachte Tod und Verderben mit sich, Unheil und Elend, Zank und Streit und niemand konnte es verhindern.

Zunächst waren es nur einige, scheinbar zufällige Dinge, die sich zeigten, wie Risse im Gemäuer eines morschen Hauses: Eine tote Amsel, morgens vor der Haustür, ein Blitzschlag aus heiterem Himmel, der den alten Apfelbaum fällte, der Unfall des Knechtes beim Mähen, ein totes Kalb im Stall. Und jedes Mal stand sie dabei: Martha, mit diesem dunklen Blick, still und starr, ohne jede Regung, wie ein Schatten. Und mit jedem Mal wurde die Angst der Bäuerin größer und größer.

Eines Tages, am Ende eines langen Winters, das erste zarte Grün zeigte sich an Büschen und Bäumen, war es tatsächlich so weit. Als niemand mehr daran glauben wollte. Als man im Dorf schon lange hinter vorgehaltener Hand munkelte, dass die Birkenbäuerin sich wohl nicht abfinden wollte damit, dass auch er sein junges Leben irgendwo auf einem Schlachtfeld weit im Osten gelassen hatte, kam er plötzlich, ausgemergelt und hinkend die Dorfstraße entlang: Franz. Die Freude war grenzenlos. Nun hatte der Albtraum endlich ein Ende!

Aber die Bäuerin sollte sich täuschen: Er fing gerade erst an! Franz war ihr fremd geworden und sie ihm. Die Jahre des Krieges hatten all das in ihnen zutage gefördert, was schon zur Zeit ihrer Hochzeit nicht zu überbrücken war. Aber damals waren sie jung und sie begehrten einander. Die Zärtlichkeit und Nähe schaffte Verbindungen, die der Geist nicht fand. Und nun?

Martha war zu einer jungen Frau herangewachsen und der Bäuerin entging es nicht, dass Franz zu ihr den Blickkontakt suchte, mit ihr das Gespräch und zu ihr die Nähe. Er bezog sie immer mehr ins alltägliche Leben mit ein. Bald sass sie zusammen mit den Bauersleuten bei Tisch und wenn es Abend wurde, wanderte sie mit Franz unter blühenden Apfelbäumen hindurch, passte Schritt und Geschwindigkeit seinem Hinken an und flüsterte ihm ihre tiefen Geheimnisse zu, um die nur ein Mensch wissen konnte, der auch die Schrecken des Krieges kannte.

Nach wenigen Wochen schien es so, als wäre Martha die Herrin auf dem Hof und das angestammte Eheweib des Bauern. Wie eine Flechte legte sie sich auf jeden Balken und jeden Winkel des alten Gemäuers, auf all das Hab und Gut, für das die Bäuerin so viel auf sich genommen hatte, und nahm es Stück für Stück in Besitz. Jeder Raum, jede Kammer, jede Nische des Hauses atmete ihren Geruch. Wie eine Spinne umgarnte sie den Bauern, brachte ihn mehr und mehr um das bisschen Verstand, das ihm nach all den schrecklichen Erlebnissen, nach den Albträumen, die ihn Nacht für Nacht heimsuchten, nach den düsteren Erinnerungen, die wie Gespenster auf ihn lauerten, immer und überall, noch geblieben war.

Die beiden Frauen verloren sich in einer Endlosschleife an Auseinandersetzungen, die an Bosheiten nicht zu überbieten waren.

Die Bäuerin weigerte sich, den Tisch für eine dritte Person zu decken und wenn Martha einfach Platz nahm, legte sie der Jungen die erkalteten, fettigen oder ranzigen Brocken auf den Teller, die sogar der Hofhund verschmähte. Sie schimpfte und zeterte, sie sprach ihre Gebete mit einer Inbrunst, wie nie zuvor. Martha hingegen, schien es sichtlich Freude zu bereiten, die Spitzen der Sonntagstracht der Bäuerin mit einem heißen Bügeleisen zu versengen oder aus dem wohlgehüteten Teeservice aus kostbarem Porzellan, das nur zu hohen Feiertagen aus der Vitrine genommen werden durfte, ihre Morgensuppe zu schlürfen. Was immer die Beiden einander antun konnten, taten sie sich an und Franz schwieg dazu stumm.

Aber die Leute schwiegen nicht. Sie fingen an zu reden. Die Leute, die alles wussten und alles sahen, die man im Grunde verachtete, aber auf die man doch so sehr angewiesen war, im beständigen Miteinander der dörflichen Gemeinschaft, die so wohlwollend in ihrer gegenseitigen Hilfsbereitschaft sein konnten und doch so gnadenlos in ihren Urteilen. Die immer Recht von Unrecht zu unterscheiden wussten. Und dass dies Unrecht war, was auf dem Birkenhof geschah, darin war man sich nur allzu einig. Wenn am Sonntag der Bauer mit beiden Frauen zur Messe erschien, erhob sich aus den Reihen ein empörtes Raunen und die bier- und tabakgeschwängerten Gespräche im dörflichen Wirtshaus kannten nur noch ein Thema. So konnte und durfte es nicht weitergehen. Beim Priester selbst hatte die Bäuerin sich die Absolution geholt, die Bestätigung dafür, dass ihre Forderung nur allzu gerecht war: Sie war das vor Gott angetraute Eheweib des Bauern und Martha musste mit Schimpf und Schande vom Hof gejagt werden. In dieser Überzeugung trat sie vor ihren Mann.

Niemand wusste später zu sagen, was in dieser Nacht auf dem Birkenhof wirklich geschah. Von fern hörte man zwar die Schreie, aber niemand verstand die bösen und bitteren Worte, die gewechselt wurden. Als der Morgen graute, hatte niemand Martha vom Hof gejagt. Die Bäuerin jedoch hing, angetan in ihrer besten Sonntagstracht, von einem hölzernen Balken in der Tenne herab. Baumelte im ersten Licht des Tages, wie eine große schwarze Krähe zwischen Himmel und Erde. Gewiss, man munkelte von Mord und Totschlag. Aber was konnten die gerufenen Gandarmen schon tun? Dass jemand zum Strick griff und seinem Leben ein Ende setzte, war schließlich keine Seltenheit, schon gar nicht in diesen Zeiten.

Noch ehe das Trauerjahr vorüber war, zog Martha als Bäuerin in die eheliche Schlafkammer ein.

Jedoch das Glück schien nur von kurzer Dauer. Menschen, die das Dunkel kennen, verweilen nicht im Licht. Sie suchen, wie ein mechanischer Kolben, immer nach dem richtigen Drehmoment, um einen Motor in Schwingung zu versetzen oder wie süchtige Finger begierig nach einem winzigen Fetzlein Schorf, das sich von einer sich gerade eben geschlossenen Wunde abkratzen ließ, um sie erneut zum Bluten zu bringen.

Und alte Wunden trugen sie beide genug, Franz und Martha. Wenn er noch gehofft hatte, ein gemeinsames Kind würde für neues Leben auf dem Hof sorgen, für eine Zukunft, die besser und friedvoller war, als die Vergangenheit, dann hatte er sich geirrt. Martha bekam dieses Kind nicht. Beide verloren sich immer mehr in einem fatalen Wechselspiel aus Anklage und Verweigerung. Franz suchte Trost im Wirtshaus, Martha bei anderen Männern.

Freilich, die Schuld suchte man bei ihr. Hatte sie nicht bereits das Leben seiner ersten Frau auf dem Gewissen? Und jetzt schenkte sie ihm nicht einmal einen Sohn? Verdrehte sie nicht willentlich den Männern des Dorfes die Köpfe, nur um ihn in den Wahnsinn zu treiben, von dem er doch ohnehin nur einen Wimpernschlag entfernt war?

Keiner der Männer, die ihr Vergnügen mit Martha suchten, während Franz betrunken in der Wirtsstube saß, den Kopf auf die Tischplatte gebettet, mit lallender Stimme über sein Unglück lamentierend, ließ in der Gemeinschaft mit anderen ein gutes Haar an ihr. Sie war ein Luder, das wusste man und man wusste auch nur allzugut, dass die »von drüben« noch niemals bessere Menschen gewesen waren. Ewig bettelndes, besitz- und rastloses Gesindel, das sich auf dem angestammten Eigentum anderer Leute ausruhen wollte. Wären besser alle dortgeblieben, wo sie hergekommen waren. Sie gehörten einfach nicht hierher!

Eines Morgens fand man Franz tot im Rinnstein liegen. Ein Fahrzeug hatte ihn erfasst, als er auf dem Weg vom Dorfwirt nach Hause war. Der Fahrer war geflohen. Aber war es nicht Martha, die Franz überhaupt dorthin getrieben hatte?

Was immer in den folgenden Jahren geschah: Ob es Waldbrände gab oder Ernteausfälle, ob Unfälle, Unwetter, Überschwemmungen, Krankheiten oder Fehlgeburten - Martha war diejenige, auf die man alle Schuld schob. Hatte sie nicht dabeigestanden, damals am Teich, als die Kinder des Müllers ertranken? Als die Dachziegel vom brüchigen Kirchturm herabstürzten und den alten Steinmetz unter sich begruben? Als den Metzger auf offener Straße plötzlich und völlig unerwartet der Schlag traf?

Martha jedoch ging stolz mit hocherhobenem Haupt durch das Dorf. Ungeachtet der Beschimpfungen, die man ihr hinterherwarf, wie faule Äpfel. Ungeachtet der Alten, die hinter ihr ausspuckten und ungeachtet der Kinder, die sie als Hexe verspotteten.

Sie blieb auf dem Birkenhof, der genau, wie sie selbst, mit den Jahren immer mehr verfiel. Es schien, als wären sie miteinander verwachsen, das alte Gemäuer und die alte Frau. Beide im selben Maße morsch und krumm werdend, Balken, wie Knochen im Einklang ächzend und knarzend.

Winter für Winter und Sommer für Sommer blieb sie, weil sie sich einst am Ende des langen Krieges beim Anblick eines Regenbogens, als sie alleine und frierend im kühlen Abendhauch stand, geschworen hatte, sich nie wieder in ihrem Leben davonjagen zu lassen. Das Mädchen mit den hungrigen Augen, das nie etwas anderes suchte, als Heimat, und die den Birkenhof, so wie Generationen von Bauern es vor ihr taten, erst dann verließ, als man sie – mit den Füssen voran – über die Schwelle hinaus zum Gottesacker trug.

2. Laszlos Geheimnis

Da stand Belle nun und starrte auf die hoch aufgestapelten Kisten, vollgepackt mit den, von düsteren Spinnweben der Erinnerungen behafteten Dingen der Vergangenheit, die sie auf ewig hatte ruhen lassen wollen. Gleich nach der Testamentseröffnung heute Morgen hatte ihr der Notar den Schlüssel zu diesem Container übergeben und nun musste sie sich erst einmal von dem Schock erholen, dass dies alles nun ihr gehören sollte. Was sollte sie nur tun damit? Wie gerne hätte sie alles, was einmal gewesen war, begraben und vergessen. Aber das Schicksal hatte es nicht so gewollt. Jetzt hatte Laszlo ihr all dies vermacht. Warum nur? War das seine Art der Rache? All diese inzwischen wertlosen Schätze, für die heute niemand mehr Verwendung finden würde, die aber den einstigen Reichtum des kleinen Tingeltangel-Theaters bedeuteten, das einmal – vor so langer Zeit – ihr Zuhause war. All diese verstaubten Requisiten: mottenzerfressene Kostüme, Tanzkleider, Federboas, rostige Wurfmesser, Gewehre, Schreckschusspistolen und vermoderte Kulissen. Was sollte sie nur damit anfangen? Und warum gerade jetzt? Die Welt stand vor einem neuen Jahrtausend – die Fehler der Vergangenheit würden sich nicht mehr wiederholen, man hatte daraus gelernt. Die Welt war eine andere geworden.

Niemals hätte sie gedacht, dass Laszlo so lange leben würde. Er musste fast 100 Jahre alt geworden sein. Sie war selbst doch nun schon nahe der 80. Nun ja, er war immer ein zäher Brocken gewesen. Zäh, das waren sie alle damals, mussten es sein, als sie mit diesem kleinen Varieté von Stadt zu Stadt zogen, um ihre Kunststücke vorzuführen. Sie war zu der Zeit nicht nur Tänzerin und Sängerin im Ensemble, sie war auch Laszlos Assistentin. Ihr gemeinsamer Auftritt war der Höhepunkt einer jeden Vorstellung. Wenn sie, leicht bekleidet und singend, die Bühne betrat, stockte den Zuschauern allein schon bei ihrem Anblick der Atem. Das enge Trikot mit dem tiefen Rückenausschnitt betonte mehr, als es verbarg und es zeigte mehr von ihrem Körper, als zu dieser Zeit als schicklich galt. Nachdem sie ihr Lied beendet hatte, wurde sie von zwei Gehilfen an Armen und Beinen mit dicken Lederschlaufen an ein großes Holzrad gebunden. Während es sich in einem immer schneller werdenden Wirbel zu drehen begann, warf Laszlo mit verbundenen Augen vom Rücken eines mit Straußfedern geschmückten Schimmels, der in wildem Ritt die Manege umrundete, Messer auf die Scheibe. Schließlich nahm er die Augenbinde ab und zielte mit seinem Gewehr knapp an ihrem Körper vorbei. Nie hat er sie verletzt. Sie wusste, auf ihn konnte sie sich immer verlassen. Und auch, wenn er sie behandelte, wie ein kleines, dummes Mädchen – das sie schließlich damals auch noch war, mit ihren 16 Jahren, vertraute auch er ihr, so wie er jedem im Theater vertraute – vertrauen musste. Waren sie doch alle, wie eine eingeschworene Schicksalsgemeinschaft, miteinander verbunden.

Obwohl es ein hartes Leben war, hatte sie es geliebt. Diese Freiheit, die es mit sich brachte, das Umherziehen, das Ruhelose. Auch, wenn dies bedeutete, sich immer am Rande der Gesellschaft zu bewegen. Gerade jetzt, als der politische Wind sich mehr und mehr zu drehen begann. Zunächst dachten sie, wie so viele, die neue Zeit verspräche einen Aufbruch in eine Zukunft, die Reichtum, Ruhm und Anerkennung versprach. Bis sie schließlich erkannten, dass diese Zukunft nur bestimmten Menschen gehören sollte und sie selbst am Ende nicht zu den Auserwählten gehören würden. Sie, die Hab- und Besitzlosen, die, die ohne Rast und ohne Ruh‘ waren, würden immer diejenigen bleiben, denen man gnadenlos jedes Recht auf Heimat und Leben absprechen durfte.

Laszlo hatte sie immer gewarnt, aber sie hatte ihm nicht geglaubt, nicht glauben wollen. Hielt ihn für rechthaberisch und ewig gestrig. Dabei hatte sie ihn doch geliebt, sie wollte ihm keinen Schaden zufügen und dennoch tat sie es. Sie zerstörte sein Leben. Erst als es zu spät war, erkannte sie ihren Irrtum. Erst als die Erkenntnis wie ein Windstoß das fragile Kartenhaus all ihrer Träume und Hoffnungen zum Einsturz gebracht hatte.

All die Jahre hatte sie gedacht, die Vergangenheit hinter sich lassen zu können. Einfach vergessen. Und lange Zeit war es ihr auch gelungen. Sie hatte bis zu jenem Tag vor gerade mal zwei Wochen, als sie den Brief des Anwaltes erhielt, nie erfahren, was aus ihm geworden war. Sie wollte es auch nicht wissen. Jeder

Gedanke an ihn ließ nur diese unendlich quälende Schuld in ihr auflodern, wie eine alles verzehrende Flamme. Warum nur hatte sie das damals getan?

Bell ging den schmalen Gang zwischen den hohen Truhen, Kisten und Schachteln hindurch. Mit einem Mal fiel ihr Blick auf einen länglichen Briefumschlag, der auf einem der großen Kartons vor ihr lag. Genauso platziert, dass sie ihn gar nicht übersehen konnte. In einer etwas zittrigen, altmodischen Handschrift las sie darauf ihren Namen.

Vorsichtig und mit banger Erwartung öffnete sie den Umschlag. Eine Fotografie fiel heraus, flatterte zu ihren Füssen. Sie bückte sich, hob sie auf und als sie sie umdrehte, erkannte sie sogleich Laszlo. Wie alt war er geworden. Sein Gesicht durchzogen von unzähligen Falten und Runzeln. Sein Haar schlohweiß. Aber er lächelte. Sie erinnerte sich sogleich wieder, an dieses leise, weise Lächeln, den samtenen Schimmer in seinen dunklen, braunen Augen und ihr Herz klopfte mit einem Mal zum Zerspringen. Das Foto zeigte ihn in einem kleinen Raum – offensichtlich das Zimmer eines Altenheimes. Mit wenigen privaten Gegenständen eingerichtet. Man sah im Hintergrund ein Bett, einen kleinen Tisch, zwei Sessel und auf einer Anrichte einige Bilderrahmen. Ihre Finger zitterten, als sie nun einen Brief aus dem Kuvert zog:

»Mein liebes Rehlein,...«

Ach ja, jetzt fiel es ihr wieder ein. So hatte er sie immer genannt, »Rehlein«. Seit sie damals zum Theater kam, ein Kind noch fast. Ihre Mutter, eine Seiltänzerin, hatte sie dort gelassen, als sie nach einem Gastauftritt mit einem ihrer Liebhaber bei Nacht und Nebel einfach verschwand. Laszlo hatte sich um sie gekümmert. Er war für sie die Familie, die sie nie hatte. Mutter und Vater zugleich. Er wiegte sie in den Schlaf, tröstete sie, wenn sie weinte, erzählte ihr Märchen und Geschichten und redete ihr streng ins Gewissen. Er versuchte ihr immer beizubringen, was richtig war und was falsch. Er duldete keine Lüge und sein Anspruch an Ethik und Moral war unantastbar. Vielleicht war es ja genau das, was sie zu diesem schrecklichen Verrat trieb, dass sie gegen ihn genauso rebellieren musste, wie sie es irgendwann einmal auch gegen ihre Eltern getan hätte. Aber war dies wirklich Grund genug? War dies eine Erklärung, eine Entschuldigung sogar? Nein, sicher nicht!

Ihre Gedanken reisten zurück in jene Zeit, die sie am Liebsten aus ihrem Leben verbannt hätte. Sie sah sich selbst wieder, Abend für Abend auf dieser kleinen Bühne stehen, hörte den Applaus des Publikums. Sie roch sogar den würzigen Duft der Wälder, durch die sie zogen von einem Auftrittsort zum nächsten. Hörte das Knistern ihrer abendlichen Lagerfeuer und den Klang von Laszlos Geige, wenn er die alten Zigeunerweisen spielte, die ihr Herz mit solch bittersüßem Schmerz füllten, dass es zu zerspringen drohte. Ach, warum, warum nur hatte sie das getan? Alle im Ensemble wussten um Laszlos Herkunft. Alle hatten geschwiegen. Alle – nur sie nicht. In Gedanken verfluchte sie noch heute jenen Abend in Berlin. Das Theater gastierte für zwei Aufführungen dort. Schon während ihres Auftritts hatte sie ihn gesehen, diesen jungen Offizier in seiner schmucken Uniform. Zusammen mit einigen Kameraden saß er ganz vorne an dem kleinen Tisch direkt an der Bühne. Wie schön er war: Seine stolze Körperhaltung, das blonde Haar streng gescheitelt, die Augen hell und stahlblau und um seine Lippen ein leises, etwas spöttisches, siegessicheres Lächeln, das Stolz und Überlegenheit signalisierte. Damals schien es ihr, als wäre es Liebe auf den ersten Blick. Heute wusste sie, es war Verblendung. Es brauchte nicht viel, um sie zu verführen. Er hatte sie beeindruckt und nach dieser Nacht, dieser einen Nacht voller Leidenschaft, wollte auch sie ihn beeindrucken. Aber was hatte sie schon vorzuweisen? Eine kleine Tänzerin? Nur deshalb erzählte sie ihm von Laszlos Geheimnis. Von seiner Herkunft, seinen Eltern und Brüder, die man abgeholt hatte, irgendwann des Nachts und von denen er nie wieder etwas gehört hatte. Von den falschen Papieren, die er sich besorgt hatte, die nun auf den Namen »Johann Wagner« lauteten. Sie waren Laszlos Versicherung in dieser Welt, die so viele Gefahren kannte, für jemanden wie ihn. War sie damals tatsächlich naiv genug, zu glauben, ihr Geheimnis wäre bei ihrem Geliebten sicher? Wie konnte sie nur so dumm sein? Schon am nächsten Morgen, hatte er sie vergessen, schneller noch, als das Laken die Wärme ihrer beider Körper verlor. Er erinnerte sich nicht einmal an ihren Namen. Wohl aber an den Laszlos. Und so kamen sie, die Soldaten und holten ihn ab. Keine Sekunde in ihrem langen Leben hatte sie seinen letzten Blick vergessen. Es lag keinerlei Angst darin, nur Sorge, Sorge um sie:

»Pass auf, Rehlein!«, sagte er und es waren die letzten Worte, die sie von ihm hörte.

Sie hatte nie erfahren, was mit ihm geschehen war. Nichts, kein Wort. Und nun stand sie hier, mitten in seinem Nachlass, seinen letzten Brief an sie in Händen. Ihre Augen schwammen in Tränen, sie musste blinzeln, um die Worte auf dem Papier wieder klar lesen zu können.

»Mein liebes Rehlein,

meine Tage sind gezählt. Ich weiß, dass ich nicht mehr lange zu leben habe. Aber es ist mir ein Herzenswunsch, dich wissen zu lassen, dass dich keine Schuld an den Dingen traf, die unser aller Leben so zerstörten. Du warst jung und konntest so vieles nicht wissen. Und wie so oft, erwiesen sich auch bei mir die bittersten Ereignisse als die notwendigen Wegweiser zum Glück. Die Zeit, die mir damals als die schlimmste meines Lebens erschien, wurde zu einer unbeschreiblichen Reise ins Glück. Ich fühlte mich zwar zunächst völlig verloren, als man mich in ein Lager steckte, und ich rechnete dort mit meinem sicheren Tod. Die Tage und Nächte, die folgten, waren hart, gewiss. Aber dann wurden sie zu meiner Bestimmung. Denn eines Morgens traf ich sie: Rebekka, die Liebe meines Lebens. Mit ihr erschien mir alles, wie eine segensreiche Auferstehung. Durch eine glückliche Fügung endete dieser schreckliche Krieg und damit dieses grausame Regime bereits kurze Zeit nach unserer Internierung. Rebekka und ich wurden nicht nur befreit, wir erhielten all unsere annektierten Besitztümer zurück – vor denen du jetzt gerade stehst. In diesem Land jedoch, in dem all diese grauenerregenden Dinge passiert waren, zu denen wir alle, viel zu lange geschwiegen und sie damit vielleicht erst ermöglicht hatten, konnten und wollten wir nicht mehr bleiben. Wir lagerten unsere Requisiten ein und zogen in die Neue Welt. Unser Weg führte uns schließlich nach Kalifornien. Ein wunderbares Land, ein Land für Künstler und Abenteurer, wie wir es waren. Die Menschen dort waren offen und freundlich und die Sonne so warm und so schön. Wie sehr wir das doch liebten, nach all dieser Zeit der Finsternis. Rebekka und ich hatten ein schönes Leben. Wir waren glücklich und hier in der neuen Heimat war mir auch eine recht einträgliche Karriere als Musiker beschieden.

Nun ist es erst wenige Monate her, dass ich meine geliebte Rebekka verlor. Ich hielt ihre Hand bis zum letzten Atemzug in der Gewissheit, dass ich ihr bald folgen werde. Die Welt besitzt für mich keinen Wert ohne sie. Das Einzige, wonach ich verlange, ist, dass du weißt, ich verzeihe dir! Das Leben weist uns oft seltsame Wege und dein schlimmstes Vergehen, führte mich am Ende zu meinem größten Glück. Nimm also die Dinge, die ich dir hinterlasse als Geschenk und als Erinnerung an die schönen Tage, die wir beide – du und ich – erlebten. Mach damit, was immer du willst – aber bitte, quäle dich nicht mit dunklen Gedanken an das Gestern.

In Liebe, Laszlo«

Bell hob den Blick und sah vor sich, aus einer halb geöffneten Kiste Stücke eines alten Rüschenvorhanges und eines verschmutzten Teppichs herausragen. Sie fühlte weder Freude noch Schmerz und wusste auch nicht, was sie tat, als sie nun gedankenverloren in ihre Handtasche griff und ein Feuerzeug herausholte. Aber als die brüchigen Stoffe hinter ihr lodernd in Flammen aufgingen, spürte sie mit einem Mal eine unendliche Erleichterung. Ohne sich noch einmal umzublicken, wandte sie sich um, verließ den Container und ging zurück in die Stadt.

3. Niemandskind

Wie ein Dieb, der das Tageslicht scheut, huschte er von einem Schatten zum nächsten, von einem Hauseingang zum anderen. Die Gluthitze trieb ihn von Tür zu Tür. Die Sonne brannte gnadenlos und unerbittlich von einem wolkenlosen, blauen Himmel herab. Schweiß rann ihm über Stirn und Rücken, die Zunge klebte am Gaumen, das zerfetzte Hemd an seinem ausgemergelten Körper.

Seit Wochen hatte es nicht mehr geregnet. Bäche, Flüsse und Brunnen waren ausgetrocknet. Das Dorf lag wie ausgestorben im heißen, flirrenden Licht des Sommers. Die Menschen wagten sich nicht mehr aus ihren Häusern.

Niemand öffnete auf sein Klopfen oder Rufen. Ab und an wurde ein Fenster einen kleinen Spalt breit geöffnet, aber ehe er eine Gestalt ausmachen konnte, wurde der Flügel mit lautem Krachen wieder zugeworfen.

»Wasser! Bitte, gebt mir Wasser!«, flehte er vergebens.

Für die Bewohner hier war er ein Fremder, jemand, dem man misstrauen musste. Fremde brachten immer Ärger mit sich. Sie waren gefährlich und je eher sie wieder verschwanden, umso besser für die gesamte Dorfgemeinschaft.

Was wollte dieser Mann? Ihre Geldsäcke stehlen, die sie unter ihren Matratzen versteckt hielten? Ihre Frauen verführen? Unheil und Streit heraufbeschwören? Für so jemand war hier kein Platz. Man kannte das schon. Gib einem Halunken einen Schluck Wasser oder einen Bissen Brot, dann wird er, sobald er wieder zu Kräften gekommen ist, dein Leben zerstören. Gefrorene Schlangen sollte man nicht mit nach Hause nehmen. Sobald sie aufgetaut sind, beißen sie gnadenlos. Das ist ihre Natur. Sollte der Fremde doch dorthin gehen, wo er hergekommen war und wenn es an jenem Ort keinen Platz mehr für ihn gab, so mochte dies schon seinen Grund und seine Richtigkeit haben.

Aber der Mann, der sich jetzt, Haus um Haus, dem Ortsende entgegen schleppte, dessen Kräfte immer mehr schwanden, war kein Fremder. Er war aufgewachsen in diesem Dorf. Dazugehört hatte er jedoch schon damals nicht. Vielleicht war es ein Fehler gewesen zurückzukommen. Aber irgendetwas hatte ihn hierher getrieben, auch oder gerade jetzt, nachdem seine Hoffnungen so jäh zerstört waren. Er konnte selbst nicht sagen, was es war. Vielleicht wollte er dieses Dorf noch einmal sehen? Vielleicht wollte er auch ein paar Fragen stellen? Oder es war einfach nur deshalb, weil es Menschen immer wieder zurückzog, zu dem Ort, den man Heimat nennt – egal was geschehen war oder wie düster die Erinnerungen auch sein mochten.

Hatte er wirklich gedacht, die Menschen hätten sich geändert? Oder er selbst? Glaubte er, er wäre ein Anderer geworden? Nur, weil er Krieg und Elend gesehen hatte? Nein, die Menschen blieben, was sie waren. Niemand ändert sich. Und wenn das Schicksal dich dazu bestimmt hat, ein Ausgestoßener zu sein, ein Fremder, dann wirst du das bleiben bis ans Ende deiner Tage.

Er hatte den Dorfrand erreicht und war froh, wieder in den kühlen Schatten des kleinen Buchenwaldes eintauchen zu können. Er wusste, jenseits dieses Hains befand sich ein grosses Anwesen. Der Bergerhof. Der Hof des reichsten Bauern im Dorf. Der Alte war es, der die Geschicke der Menschen hier lenkte. Er war es, der dem Ort Reichtum bescherte, der sich aber dafür auch das Recht nahm, die Bewohner wie seinen Besitz zu behandeln. Niemand durfte es wagen, ihn zum Feind zu haben.

Durch das lichter werdende Blätterwerk hindurch sah er schon hinüber zum Gehöft. Seine Nase nahm vertraute Gerüche auf, seine Ohren altbekannte Geräusche: Das Brüllen der Kühe im stickigen Stall, die auf das Abendmelken warteten, das Gackern der Hühner, das Meckern der Ziegen.

Bilder aus längst vergangenen und vergessen gehofften Tagen stiegen in ihm auf.

Ja, er kannte ihn gut, diesen Hof. Hatte dort schon seit seiner frühesten Kindheit gelernt zu arbeiten, für einige Brotkrumen und jede Menge Erniedrigungen, die sich der Reiche erlauben durfte, über seinen kahl geschorenen Kopf auszuschütten.

Er war ein Niemandskind gewesen. Sein Vater hatte sich früh zu Tode gesoffen und die Mutter hatte weder Kraft noch Besitz genug, um sich und die ihren am Leben zu erhalten. So war sie eines Tages verschwunden. Weitergezogen an einen unbekannten Ort, mit einem Wanderarbeiter, der ihr für einige Nächte das Gefühl von Wärme und Geborgenheit gab. Niemand wusste wohin. Ihren Sohn hatte sie einfach zurückgelassen. Nachdem er drei Tage und Nächte alleine in der einsamen, heruntergekommenen Hütte verbracht hatte, erschien der Bauer. Stieß grob die Türe auf, riss den Kleinen, der vor Hunger und Angst schon fast den Verstand verloren hatte, von der alten Bettstatt hoch und nahm ihn wortlos mit.

»Wie gut Gott, der Herr doch ist, in seiner Gnade«, predigte am Sonntag der Pfarrer von seiner Kanzel herab, »und wie gnädig unser Großbauer, der sich in seiner Güte um die Waisen und Findelkinder kümmert und ihnen Heimat und Nahrung gibt.«

»Amen«, sagten die Dorfbewohner und senkten ihre Köpfe über die gefalteten Hände.

In Wahrheit bestand diese Heimat aus einem kalten Platz im feuchten Stroh und die Nahrung aus den Resten schimmligen Brotes und saurer Milch und beides musste er sich tagtäglich durch harte Arbeit verdienen. Für den Bauern war er nur eine weitere Arbeitskraft, der man gerade genug zu Essen geben musste, damit sie so weit bei Kräften blieb, um anpacken zu können. Es wäre für den Berger nichts weiter als eine unsinnige Vergeudung gewesen, eine

Verschwendung, wenn er verhungert wäre. Er hatte ihn von jenem Tage an, an dem er ihn aus der verlassenen Hütte geholt hatte, nie mehr beachtet. War an ihm vorübergegangen, wie an einem toten Gegenstand; hatte ihn gar nicht mehr gesehen. Jedem Vieh wurde mehr Beachtung geschenkt, als ihm, jedoch auch nicht aus Liebe zur Kreatur, sondern einzig und allein aus wirtschaftlichen Überlegungen heraus.

Der Bauer hatte den Burschen damals wortlos dem Großknecht übergeben, der das Höchstmögliche an Leistung und Gehorsam aus seinem kleinen, dürren Körper herausprügelte. Solange er für andere Arbeiten am Hof zu klein war, musste er Ziegen oder Kühe hüten. Barfuß im Sommer, wie im Winter. Wie oft hatte er seine nackten Füße in frische Kuhfladen gesteckt, um sie wenigstens ein bisschen zu wärmen. Als er größer und kräftiger wurde, musste er zupacken. Morgens nach der dünnen, wässrigen Suppe ging es in den Stall oder aufs Feld, bis er am Abend erschöpft auf sein Lager fiel. Seine gesamte Kindheit hindurch kannte er nichts als Arbeit und Plage, Kälte und Hunger. In manch einsamen Stunden jedoch, nachts auf seinem Strohlager, wenn er durch das löchrige Dach der Scheune hinauf zum sternenübersäten Himmel blickte, träumte er von einem anderen, besseren Leben. Er liebte diese ruhige, ungestörte Zeit und, wenn es in seinem armseligen Dasein überhaupt so etwas wie Glück gegeben hatte, dann spürte er es in diesen Momenten, wenn der Himmel über ihm aussah, wie ein dunkles Tuch, bedeckt mit tausend funkelnden Diamanten.

Aber es gab noch einen Lichtblick auf diesem Hof: Afra, die Tochter des Hausherren. Jeden Morgen sah er sie, wie sie sauber gekleidet mit einer frisch gebügelten Schürze, an deren Bändern über ihren schmalen Schultern sich hoch aufgestellte Rüschen bauschten, über den Hof Richtung Schule ging. Das schwarze Haar, das in der Sonne glänzte wie Rabenfedern, zu zwei züchtigen Zöpfen geflochten und zu einem Kranz hochgesteckt, umrahmten ihr helles Gesicht. Wenn er zurückdachte, glaubte er, es hätte keinen Tag in seinem Leben gegeben, an dem er dieses Mädchen nicht geliebt hatte. Es war so vom ersten Augenblick an. Und auch sie schien etwas an diesem halb verhungerten, dürren, immer schmutzigen Burschen zu finden. Denn sobald sie ihn sah, lächelte sie und wenn sie nach der Schule nach draußen auf den Hof kam, dann fassten sie sich oft an den Händen, liefen leise lachend davon und versteckten sich für eine kurze, gestohlene Zeit, die nur ihnen gehörte, im nahegelegenen Buchenwald.

Was machte es schon, wenn der Großknecht ihn am Abend zur Strafe wieder verprügelte? Er war selig in den Momenten mit Afra und die Schläge waren für ihn ein nicht zu hoher Preis für dieses Glück.

Freilich, der Bauer durfte nichts davon erfahren, dass seine Tochter sich mit einem dahergelaufenen Waisenbub herumtrieb, einem Nichtsnutz, einem Niemandskind. Aber Afra sah in ihm etwas, das kein anderer sah. Sie lachte über seine Scherze, teilte mit ihm ihre Sorgen und Nöte. Er war ihre Zuflucht, wenn sie selbst unter dem strengen Vater litt, für den sie als

Mädchen nur wenig Wert besaß und der sie spüren ließ, Tag für Tag, dass sie nicht der ersehnte Hoferbe war. Und das blieb auch so, als die beiden älter und größer wurden. Sie trafen sich immer noch im Buchenhain und teilten längst mehr, als ihre Kindergeheimnisse. Sie träumten davon, eines Tages wegzulaufen, in ein anderes Land zu gehen und sich ein Leben aufzubauen in Freiheit und ohne Heimlichkeit, ohne Standesunterschiede. Ein Leben, das es ihnen ermöglichte, als Mann und Frau zusammen zu sein.

Aber der Traum sollte schon bald ein Ende haben. Ein Kuchlmensch beim Pilzesuchen hatte die beiden entdeckt, in ihrem kleinen Nest, das sie sich im Wald gerichtet und in dem sie sich so ungestört gefühlt hatten. Für einige wenige Münzen Belohnung hatte es sie verraten. Die eigene Not wog schwerer als das schlechte Gewissen. Der Bauer ließ ihn auspeitschen, vor der ganzen Hofgemeinde – alle sollten sie sehen, was mit einem geschah, der sich an seiner Tochter vergriff.

Es dauerte Wochen, bis sich die blutenden und später eitrigen Wunden wieder schlossen, was ihn jedoch nicht davor bewahrte, seine Arbeit am Hof zu tun, trotz Fieber und Schmerz.

Afra sah er nicht wieder. Man hatte sie abgeschottet. Einsperrt ins Haus. Keine Sekunde aus den Augen gelassen, damit sie sich ja nicht davonschleichen konnte. Aber in diesen Wochen wurde ihr Geheimnis offenbar: Die heimlichen Treffen waren nicht ohne Folge geblieben. Afra erwartete ein Kind.

Schnell, damit kein unnötiges Gerede entstand, wurde sie weggebracht. Zu einer Tante in die Stadt. Dort sollte das Bankert gleich nach der Geburt weggegeben werden und erst dann würde Afra wieder zurückkommen dürfen.

Aber ein Hof hatte Augen und Ohren und so wurde schon bald hinter vorgehaltener Hand darüber getuschelt und Wetten abgeschlossen, wann der Bauer den Kindsvater mit bloßen Händen erschlagen würde oder wie auch immer seine Rache aussehen mochte.

Dass es gerade der Großknecht war, der ihn warnte, überraschte ihn. Er packte sogleich sein mageres Bündel und verließ im ersten Morgengrauen das Anwesen.

Sein Weg führte ihn geradewegs in die Stadt. Den Plan Afra zu suchen, gab er bald auf. Wohin sollte er gehen? Er wusste weder, wie die Tante hieß, noch, wo sie wohnte.

Einige Zeit trieb er sich in heruntergekommenen Kneipen und Spelunken herum, nahm jede Arbeit an, die man ihm gab, um sich da oder dort ein warmes Essen oder eine Bleibe in einem finsteren Winkel unter einem wenigstens trockenen Dach zu verdienen.

Als er die Männer traf, die auf der Suche nach freiwilligen Rekruten waren, kam sein Entschluss rasch und ohne langes Überlegen. Burschen, wie er, waren gemacht für die Kriege dieser Welt. Männer ohne Zukunft, ohne Hoffnung und ohne Besitz.

Sechs lange Jahre hielt ihn der Krieg gefangen und es gab kein Leid, kein Elend und keine Gräuel, die er nicht erlebte. Zerstörung und Tod waren sein tägliches Brot. Aber in all dieser Zeit verging keine Stunde, in der er nicht an Afra dachte und sich an die Hoffnung klammerte, sie eines Tages wiederzusehen. Eines Tages mit ihr und dem gemeinsamen Kind ein Leben als Familie zu führen und all die erlebten Schrecken hinter sich zu lassen. Er würde sie wegholen vom Bergerhof und alles würde gut.

Und nun stand er hier, alleine in der grausamen Gewissheit, dass Afra für immer verloren war. In dem Zug, der ihn ratternd über die Gleise trug, wie er glaubte, Afra und damit einer hoffnungsvollen Zukunft entgegen, traf er einen ehemaligen Knecht des Bergerhofes. Er hatte ihm alles erzählt. Die ganze Geschichte, die seine Träume mit einem Schlag wie Seifenblasen zerplatzen ließ. Afra war tot. Sie hatte sich an einem hellen Sommernachmittag draußen in dem kleinen Buchenhain erhängt, weil sie nicht damit fertig geworden war, dass man ihr das Kind genommen hatte. Der Bauer hatte daraufhin einen Schlaganfall erlitten, war bettlägerig geworden. Die Bäuerin trug ihren Kummer in ihre Gebete und erhoffte sich darin Erlösung von ihrer Seelenpein.

Und jetzt stand er hier und mit einem Mal wurde ihm klar, dass er aus einem ganz bestimmten Grund gekommen war. Er beobachtete, wie die Knechte und Mägde nach der Arbeit im Stall in die Stube gingen, um ihr Abendbrot einzunehmen. Dann kamen sie wieder heraus. Einer nach dem Anderen. Angetan in ihre Festtagskleidung. Heute war Sonntag. Das Gesinde würde in die Abendmesse gehen, während die Hofleut´ zurückblieben. So hatte der Bauer es hier immer gehalten, auch als er selbst noch zur Kirche gehen konnte: Zur Morgenmesse gingen die Bauern und mit dem Abendläuten das Gesinde. Er ballte die Fäuste und dann fuhr er, wie zufällig, in die Tasche seiner ausgebeulten, zerrissenen Hose. Seine Finger griffen nach dem Messer, das sich darin befand. Ein Springmesser, kühl und schwer – es hatte ihm auch im Krieg gute Dienste geleistet und es würde ihn auch jetzt nicht im Stich lassen.

Während die Klinke mit einem satten Klicken hervorsprang, trat er hinter dem Baum hervor, der ihm als Versteck gedient hatte, und ging sicheren Schrittes auf den Hof zu.

Ostbayerischer Anzeiger

Kreisblatt | Ausgabe: 46/176 | Dienstag, 25. Juni 1946

Schreckliche Bluttat

Grausiges Verbrechen auf dem Bergerhof

Am Abend des 23. Juni 1946 ereignete sich auf dem Bergerhof ein grausiges Verbrechen. Die unbescholtenen Bauersleute Josef und Adelheid Berger wurden erstochen aufgefunden.

Der wehrlose Bauer, der seit einem Schlaganfall bettlägerig war, wurde mit mehreren Messerstichen getötet. Ebenso seine Ehefrau. Sie wurde in ihrer Kammer beim Gebet knieend vor ihrem Hausaltar überrascht und ebenfalls mit unzähligen Stichen hingerichtet. Der zunächst unter Verdacht stehende Knecht Lorenz Schachner musste wieder auf freien Fuß gesetzt werden, da er offenbar nicht der Täter war. Er hatte die Mordopfer nach seiner verfrühten Rückkehr aus der Abendmesse gefunden.

Zeugen berichteten, dass sie tagsüber einen heruntergekommenen Fremden durch das Dorf schleichen sahen. Es muss sich den Aussagen nach um einen Kriegsflüchtling oder einen entkommenen Häftling handeln, der wohl eher zufällig auf der Suche nach Nahrung und Unterkunft in die Gegend gekommen sei. Da die Personenbeschreibungen sehr widersprüchlich waren, fehlt vom Täter bislang jede Spur. Für seine Ergreifung ist eine Belohnung von 100 Reichsmark ausgesetzt.

4. Die Fremde

Man wusste später gar nicht mehr zu sagen, woher sie gekommen war, diese Frau, deren einzige Sünde ihre fremde Herkunft war.

Es waren die Tage nach dem Krieg und die Menschen kamen und gingen, ohne Spur und ohne Ziel. Niemand fragte woher und wohin. Manche sagten, ein Flüchtling sei sie gewesen, eine Vertriebene aus Böhmen. Andere wieder behaupteten, eine Wanderarbeiterin aus der Oberpfalz oder woher auch immer. Die meisten aber meinten: »Die hat sicher Dreck am Steck`n, samt ihrer Tochter, dem Früchterl. Heimatloses Gesindel! Kann man sich ja denken, was das für welche sind.«

So kam sie also eines Tages hierher in diese Stadt, mit einem kleinen Koffer in der einen und ihrer Tochter, vielleicht so 12 oder 13 Jahre alt, an der anderen Hand. Gearbeitet hat sie von früh bis spät. Geputzt, gewaschen und dann noch bis in die Nacht hinein genäht für die Leute, damit es reichte fürs Essen und die Miete des feuchten Kammerls, dort im kleinen Gassl, wo schon seit jeher die Zwielichtigen wohnten, die Habenichtse – trunksüchtige Männer, liederliche Weiber.

Vor lauter Schuften blieb nicht viel Zeit, sich um das Kind zu kümmern, das heranwuchs.

»Sie hätt‘ sie arbeiten schicken sollen, aber sie hat halt immer gemeint, der Bankert wär‘ etwas Besseres«, sagten die Leute.

Tatsächlich hat die Frau sich eine schönere Zukunft für ihre Tochter gewünscht. Lernen sollte sie, damit sie es einmal besser hat. Und sie sollte sich einen Traum erfüllen. Das Mädchen konnte nämlich singen. Es hatte eine Stimme, wie ein Engel, wunderschön und hell und klar.

Auch dafür hat sie gearbeitet, diese Fremde, damit das Kind Gesangsunterricht nehmen konnte. Freilich war das in der damaligen Zeit ein verwegener Wunsch. Aber sie dachte sich, »wenn der liebe Gott so eine Gabe macht, dann muss er doch auch wollen, dass sie genutzt wird.«

So arbeitete sie immer mehr und schickte das Kind zum Chorleiter, damit er es unterrichte. Und der war auch zufrieden mit ihm. Sehr sogar, nicht nur mit der Stimme. Das Mädchen wuchs heran und bekam immer mehr weibliche Formen, die dem wachen Auge des Gesangslehrers nicht entgingen.

Der Mann, der so viel älter war, schmeichelte dem Kind, machte ihm kleine Geschenke. Das Mädchen nahm sie an, hungrig nach Zuwendung, Wärme und Aufmerksamkeit. »Du darfst deiner Mutter aber nichts davon erzählen«, sagte er, »sonst darfst am Ende nicht mehr kommen.«

Und das Mädchen schwieg. Es schwieg auch dann noch, als der Chorleiter Dinge mit ihm tat, über die man in einer kleinen Stadt nur hinter vorgehaltener Hand sprach.

Die Mutter war zu müde und zu blind, um zu sehen, was mit der Kleinen geschah. Und als sie es endlich bemerkte, war es zu spät. Das Mädchen hörte nicht mehr auf sie, es beantwortete keine Fragen mehr danach, wo es gewesen war, wenn das Bett unbenutzt blieb und es erst im ersten Morgenlicht die knarzende Stiege zur kleinen Kammer hinaufschlich.

Eines Tages hatte der Chorleiter genug. Genug von der stillen Anhänglichkeit, den großen, dunklen Augen und der weichen, zarten Haut. An diesem Tag nahm er das Mädchen mit, in die »Alte Eiche«. Dorthin, wo seine Freunde verkehrten. Der Bäcker, der Metzger, der Stoffhändler und die hohen Stadtbeamten. Sie alle verbrachten hier im abgeschlossenen Nebenraum des Restaurants ihre Abende bei Bier und Wein und leichtem Vergnügen. Hier waren sie unter sich und über das, was hinter diesen Türen geschah, drang niemals ein Wort nach draußen.

Keiner der Männer hatte ein Interesse daran, dass in der Stadt geredet würde und vielleicht am Ende Ehefrauen unliebsame Fragen stellten. Man konnte sich aufeinander verlassen, schließlich saßen alle im selben Boot. Das Mädchen war gern gesehen hier in seiner Jugend und Unschuld, die es schnell verlor. Die

Männer freuten sich, wenn es für sie sang, so klar, so hell und rein und sie freuten sich an noch viel mehr ...

Eines Tages, es war Sommer, die Luft lag flirrend und drückend über der Stadt, es war Mittagszeit, verbreitete es sich wie ein Lauffeuer durch die Straßen und Gassen, von Haus zu Haus: Zwei Buben hatten beim Angeln am Ufer des Flusses einen grausigen Fund gemacht.

Als die Mutter davon hörte, ahnte sie es sogleich. Wie ein Messer fuhr es ihr durch die Brust. Sie ließ die Bürste fallen, mit der sie gerade den hölzernen Fußboden geschrubbt hatte, erhob sich und rannte, so schnell sie konnte, hinunter zum Fluss.

Und dort am Ufer wurde ihre tiefste Angst zur Gewissheit. In den herabhängenden Ästen einer Weide, hin und her geschaukelt von den grünen Wogen, hing eine kleine, schmale Gestalt.

Niemand half ihr, das Kind zu bergen. Mit übermenschlicher Kraft riss sie an den Zweigen, kämpfte gegen die Wogen, bis sie endlich den nassen, leblosen Körper aus dem Wasser gezogen hatte. Sie nahm ihn auf und trug ihn in die Stadt hinein. Sie spürte kaum das Gewicht auf ihren Armen.

Die Menschen, an denen sie vorüberging, wandten die Blicke ab, niemand sprach ein Wort. Sie ging vorbei an den Geschäften des Metzgers, des Bäckers, des Stoffhändlers, vorbei an den Amtsstuben des Rathauses, vorbei am Haus des Chorleiters und alles blieb still. Kein Laut war zu hören, kein Glockenschlag, kein Vogelsang, nichts. So trug sie ihr totes Kind durch diese Stille hindurch bis hin zur Kirche. Dort am Eingang legte sie es nieder. Der Pfarrer kam herbei. Und nun sahen sie es beide, das, was die erschreckte Mutter auf den ersten Blick gar nicht bemerkt hatte: Die Hände des Mädchens, diese kleinen Hände waren auf seinem Rücken gefesselt, der Körper übersät mit Wunden. Mit einem Schrei brach die Frau nieder.

Als sie wieder zu sich kam, hatte man sie nach Hause gebracht, in ihre ärmliche Wohnung im Gassl. Im Pfarramt wurde in der Zwischenzeit alles für ein schnelles Begräbnis vorbereitet.

Das Mädchen wurde am städtischen Friedhof beigesetzt. Am unteren Ende, jenseits der alten Mauer. Dort, wo Flüchtlinge und Fremde bestattet wurden. »Sei dankbar«, hatte der Pfarrer gesagt, »dass sie überhaupt in geweihter Erde ruht. Es war ein Unfall, für den keiner was kann. Hättest‘ halt besser aufpassen müssen, es hat ja jeder gewusst in der Stadt, was für ein Luder deine Tochter war. Jetzt musst‘ eben beten dafür, dass der liebe Gott ihr ihre Sünden vergibt und dir deine auch!«

Zwei Tage später fand man den Chorleiter. Auf dem Boden seines Musikzimmers lag er. Die Kehle durchschnitten, in einer riesigen Blutlache. Es musste ganz schnell gegangen sein. Er war von dem Angriff wohl so überrascht, dass ihm nicht einmal Zeit blieb, sich zu wehren.

Die Frau aber, die Fremde, war von diesem Tag an aus der Stadt verschwunden. Niemand wusste wohin. Aber es waren eben die Tage nach dem Krieg, die Menschen kamen und gingen. Ohne Spur und ohne Ziel ...

5. Ich werde dir Rosen bringen

Ein tiefer Seufzer rang sich aus seiner Brust, als er den alten Friedhof durch den hohen, mit Einhörnern und Totenköpfen verzierten Torbogen betrat, der die efeubewachsene Stadtmauer durchbrach.

Schmiedeeiserne Kreuze säumten die Wege, steinerne Engel richteten ihre trauerschweren Blicke zwischen marmornen Grabsteinen hindurch zur hohen Burg hinauf, während er langsam die Gräber, eines nach dem anderen, abschritt auf der Suche nach einem bestimmten Namen. Ein Name, den er so lange in seinem Herzen trug und dessen Klang all die Jahre nicht mehr den Weg über seine Lippen gefunden hatte.

Vorne an der Friedhofskapelle, deren sonniges Gelb, wie ein trotziges Zeichen von Leben zwischen all diesen stummen Mahnmalen der Vergänglichkeit unter einem grünen Blätterdach hervorleuchtete, hielt er Rast und setzte sich auf eine kleine Bank aus Stein. Vorsichtig bettete er den Strauss Rosen, den er bei sich trug, auf die Sitzfläche neben sich. Er war müde von der langen Reise, die er hinter sich hatte. Nachdem der Arzt in Marseille ihm die Diagnose gestellt hatte, die sein Leben von einem Moment auf den anderen endlich werden ließ, wusste er, dass es keine Zeit mehr zu verlieren gab.

Über 20 Stunden Zugfahrt lagen hinter ihm, fünf Mal umsteigen, die letzten Kilometer per Bus, vorbei an dem großen, einladenden Park der Bezirksklinik, die gewundene Serpentinenstraße hinunter. Sie führte hinein in diese so verschlafen und romantisch wirkende Altstadt mit ihren mittelalterlichen Häuserzeilen, die inzwischen ein beliebtes Ausflugsziel für Touristen geworden war. In ihm aber weckte sie nur Erinnerungen an düstere Zeiten.

Jetzt war er hier, um sein Versprechen einzulösen. Aber seit gestern wusste er, dass er zu spät kam. Er würde sie nicht mehr sehen: Marie mit den porzellanblauen Augen und der Haut so weiß, wie das Licht des Mondes, mit ihrem wirren, dunklen Haar, das im Wind flatterte, wie ein gefangener Vogel, das kein Kamm und keine Spange zu bändigen wusste.

Seit mehr als 20 Jahren ruhte sie hier bereits in geweihter Erde und ihr Leben schien, ebenso wie seines, immer überschattet geblieben von den Ereignissen der Vergangenheit, von den Schrecken des Krieges und den Gräuel, die Menschen zu begehen im Stande waren.

Wie friedvoll und still es hier war, ganz anders, als er diesen Ort in Erinnerung hatte. Damals in den Jahren des großen Krieges, als man ihn hierher brachte, in der die Welt so laut und bedrohlich war. Eine Welt voller schreiender Münder und zum Kampf gereckter Fäuste. Verladen auf einem Lastwagen, wie ein Stück Vieh, und ebenso weitergereicht, um all die Arbeit zu tun, die bisher Sache der ortsansässigen Männer gewesen war. Männer, die nun wiederum in seiner Heimat ihr Leben in schmutzigen, kalten Schützengräben ließen.

Wie unsinnig so ein Krieg doch war und wie viele Opfer er forderte, während am Ende einige wenige trunken von Alkohol, Reichtum und Größenwahn ihre Siege feierten. Aber diejenigen, die die Fahnen schwenkten und die Parolen weiter trugen, die sich von Hass und Angst anstecken ließen, die willfährige Meute, die man wortgewandt und geschickt vor die Karren der politischen Ideologien spannte, blieben am Ende die Verlierer. So wie er, der als Kriegsgefangener zum Zwangsarbeiter wurde, weit weg von der Heimat, die er vielleicht nie mehr wieder sehen würde. Jeglicher Rechte und jeglicher Würde beraubt.

Wie sehr hatte er sich in diesen dunklen Jahren nach seiner Heimat gesehnt. Nach der Wärme der südfranzösischen Sonne auf der Haut, nach dem quirligen Lärmen und fröhlichen Lachen der Menschen. Dem Rauschen der Meereswogen, den kreischenden Möwen vor dem hohen, wolkenlosen, blauen Himmel, dem Geruch nach Salz und Teer. Danach, über den kleinen Fischmarkt unten am Hafen schlendern. Wie oft glaubte er, wenn die bleierne Müdigkeit nach der schweren Arbeit ihn hinweg trug in einen ebenso kurzen, wie unruhigen Schlaf, die Lieder seiner alten Großmutter zu hören, die ihn nach dem Tod der Eltern an ihr großes Herz gedrückt hatte, als wolle sie ihn nie mehr loslassen. Wie oft sah er ihr rosiges Gesicht vor sich, umrahmt von einem geflochtenem, grauen Haarkranz, den mit Lochmuster verzierten Kragen ihrer weißen Spitzenbluse, die sie zu ihren sonntäglichen Kirchenbesuchen trug. In diesen einsamen Stunden atmete er den Geruch von Vanille und Anis, der in der Küche lag, während sie den Teig für die Weihnachtsbäckerei auf der bemehlten Platte des großen hölzernen Tisches ausrollte. Allein der Klang ihrer Stimme, etwas rau und brüchig geworden, durch die Zahl der Jahre, konnte über jedes Debakel und jeden erlittenen Kummer hinwegtrösten. Wenn der alte Rosenkranz aus schwarz-glänzendem Onyx mit dem nach Ambra duftenden, silbernen Bisamapfel daran durch ihre blaugeäderten, faltigen Hände glitt, dann schien es ihm immer, als würde sie mit der ruhigen Gleichmäßigkeit dieser Bewegung, den wirr gewordenen Lauf aller Dinge ordnen. Als wäre sie die Schöpferin allen Seins und jede Perle, die durch ihre gichtigen Finger rann, würde einer von ihr gewollten Order folgen, um jedes Unheil und jedes Unrecht ungeschehen zu machen.

Aber wie schnell musste er einsehen, dass seine Großmutter die Geschicke nicht lenkte, sondern dass es größere Mächte gab, welche den Müttern ihre Söhne raubten und den Töchtern die Väter.

Nun war er hier in dieser kleinen Stadt am Fluss und das Einzige, was schlimmer war, als das Heimweh, war der Hunger, der Tag und Nacht in seinen Gedärmen rumorte und nie gestillt wurde.

Dabei hatte er es noch gut getroffen, im Vergleich zu anderen, zu den Polen oder Russen. Für ihn, den Franzosen, gab es wenigstens noch genügend Brot, wenn auch kein Fleisch und schon gar keinen Fisch.

Zucht und Ordnung herrsche hier, so sagte man ihnen jeden Tag und es war klar, dass nur dieses Volk verstand, was es hieß, ein ordentlicher Mensch zu sein.

Unendlich erschienen ihm die Tage, in denen er in Reih und Glied mit all den übrigen Zwangsarbeitern stand, knöcheltief im Matsch, Zehen und Finger erfroren, und Schaufel um Schaufel von diesem schweren Schnee, der unablässig vom Himmel herabzufallen schien, von der Schmidzeile, die von der Burg herunter zum Platz führte, durch die engen Hinterhöfe an die glatten, rutschigen Ufer des Inns zu befördern.

Die wenigen Stunden Rast, die man ihnen in den ungeheizten, zugigen Baracken gönnte, nachdem sie alle Arbeitsgeräte und Utensilien in Scheunen und Remisen verstaut hatten, reichten nicht aus, um die schmerzenden Glieder auszuruhen oder die durchlöcherten Schuhe zu trocknen, ehe es am frühen Morgen, lange vor dem ersten Sonnenstrahl, der in diese Senke fiel, die der Fluss vor Urzeiten gegraben hatte, wieder an die Arbeit ging. Wenn der Winter endlich ein Ende fand, ging die Plackerei auf den Bauernhöfen, der Molkerei oder im alten Pulverturm, draußen vor der Stadt weiter, in dem er als gelernter Korbmacher zur Herstellung kriegswichtiger Granatkörbe eingesetzt wurde. Tag für Tag, Woche für Woche, Jahr für Jahr.

Wie viele seiner Mitgefangenen sah er in dieser Zeit vor Heimweh und Hunger sterben, an Krankheiten, die nicht behandelt wurden und wie oft dachte er, dass ein schneller Tod auf dem Schlachtfeld um ein Vielfaches gnädiger gewesen wäre, als diese immerwährenden Demütigungen, diese Pein, aus der es kein Entrinnen gab? Er war keine 20 Jahre alt, aber er fühlte sich, als hätte er bereits mehr als die Mühen eines langen Lebens hinter sich gebracht.

Er hatte all seine Hoffnung auf bessere Tage begraben, als er sie zum ersten Mal sah. Ihr perlendes Lachen war es, das ihn dazu brachte, die Augen von seiner Arbeit zu heben und aus dem Fenster zu sehen. Und genau in diesem Moment sah auch sie zu ihm herüber – Marie, die zusammen mit zwei, drei anderen Mädchen unter einem Holunderbusch stand, der sich, weitverzweigt, an die brüchige Mauer des Nachbarhauses schmiegte. Kichernd brachen sie Dolde um Dolde der schneeweißen Blüten, die sich wie zarte Wolken in einen blechernen Eimer zu ihren Füßen drängten.

Vielleicht war es Liebe auf den ersten Blick, vielleicht war es einfach nur die Sehnsucht nach ein wenig Nähe und Geborgenheit. Jedenfalls sah er von diesem Moment an nichts anderes mehr, als nur ihr Bild vor Augen. Sie lächelte ihm an jeder Hausecke und jeder Weg, den er ging, schien den ihren zu kreuzen.

Nein, sie hatten es nicht gewollt. Aber sie kamen sich näher, auch wenn sie wussten, dass das, was sie taten, gefährlich war – gefährlich und verboten. Aber wie hätte er darauf verzichten können, auf das Leuchten ihrer porzellanblauen Augen, wenn sie ihn sah?

Auf ihr perlendes Lachen, das ihm Leben und Leichtigkeit versprach? Auf ihre Wärme, ihre weichen Lippen, den Schatten ihrer langen Wimpern auf den rosigen Wangen und den Duft ihrer samtigen, mondhellen Haut?

Jedes Mal, wenn sie sich trafen, heimlich in verborgenen Winkeln und Ecken außerhalb der Stadt, in alten Schuppen und verlassenen Gemäuern, brachte sie ihm Eier und geräucherten Speck, den er gierig verschlang. Aber noch größer als sein Hunger nach Essen, war sein Hunger nach ihr. Und bei jedem Abschied versprach er: »Ich komme wieder! Ich werde dir Rosen bringen, Marie!«, und er brachte sie, sooft er konnte, diese üppigen Hundsrosen, mit ihren prallen, samtenen Blütenblättern, die sie so sehr liebte.

Aber ihre Stunden waren gezählt – ihre seltenen, gestohlenen Momente der Zweisamkeit und der trügerischen Hoffnung auf eine Zukunft.

Sie wussten nicht, wer sie verraten hatte. Eines frühen Morgens holten die Männer der Gestapo ihn aus der Unterkunft.

Marie sah er erst Wochen später wieder, als man ihn nach einem kurzen Prozess aus dem Amtsgerichtsgebäude hinausführte, um ihn für die nächsten fünf Jahre ins Zuchthaus zu überstellen. Auch wenn er den Urteilsspruch in dieser ihm all die Jahre so fremd gebliebenen Sprache nicht umfassend verstand, so wusste er doch, was der Richter ihm mit auf den Weg gegeben hatte: Er solle sein Glück nur zu schätzen wissen – einen Polen hätte man umgehend gehenkt!

Wie ein eiskaltes Messer fuhr ihr Anblick ihm ins Herz, als er sie auf der gegenüberliegenden Seite des Amtsgerichtes, aus dem man ihn gerade hinausführte, stehen sah. Drüben am Hitlerplatz, direkt vor dem großen, mit einem metallenen Löwen geschmückten Portal des Rathauses. Das mondbleiche Gesicht vor Scham gesenkt, die Augen verdeckt von ihrem wilden Haar, um ihre magere Gestalt ein Schild mit der Aufschrift »Franzosenliebchen«. Er wusste, dass auch auf sie Jahre im Gefängnis warten würden. In diesem Moment hätte er alles gegeben, um ihr diese Pein und diese Schande zu ersparen. Wenn er nur irgendetwas besessen hätte, er hätte alles ohne Bedauern verscherbelt, nur um sie zu retten. Mit all seiner Kraft stemmte er sich gegen die beiden Gandarmen, die ihn links und rechts an den Armen hielten: »Marie«, rief er, »Marie, vergiss mich nicht! Ich werde dir wieder Rosen bringen! Marie!« Ein Gewehrkolben, der krachend auf ihn herniederfuhr, sandte ihn in eine gnädige, alles umfangende Dunkelheit, aus der er erst wieder erwachte, als er in seiner Zelle lag.

Der Richter sollte, anders als gedacht, Recht behalten: Er hatte Glück. Bereits wenige Monate später war der Krieg zu Ende. Die Deutschen hatten kapituliert! Amerikanische Streitkräfte hatten die Stadt besetzt.

In den folgenden Tagen gaben sich einige der mit

ihm befreiten Zwangsarbeiter in einer ihnen als logisch erscheinenden Kausalität hemmungslos ihrem Bedürfnis nach Rache und Vergeltung hin, versuchten mit aller Macht die endlos wabernden Spinnweben ihrer angstbesetzten Gedanken fortzuwischen oder taumelten freudetrunken durch Gassen und Straßen.

Einige wenige aber, zu denen er gehörte, gingen still und leise hinaus Richtung Bahnhof, machten sich, mit Herzen aus Stein, auf den Weg zurück in die Heimat, um dort aus den Trümmern ihres Seins ein neues Leben aufzubauen.

Auch für ihn stand die Marschroute fest – unabdingbar: zurück nach Südfrankreich, dort wo die Luft würzig, der Himmel so weit und das Meer so endlos war. Aber jeden Schritt, den er ging, ging er mit der Erinnerung an Marie, die er nie vergessen konnte.

Er hatte seinen schattigen Rastplatz an der Kapelle verlassen und schon wenige Gräber später fand er das kleine verbogene Schild mit ihrem Namen, verrostet und kaum noch lesbar, auf einem unscheinbaren, durch Wind und Wetter verwitterten, schmiedeeisernen Kreuz:

Maria Brandstetter
geb. 14.04.1927 – gest. 24.11.1976

Wie mochte es ihr ergangen sein? Hatte man ihr

am Ende verziehen, dass sie »Schande über die Reinheit des deutschen Blutes« gebracht hatte, wie man es ihr damals vorwarf? Konnte sie diesen Menschen jemals verzeihen? Gab es einen Mann in ihrem Leben? Kinder? Er wusste es nicht.

Er wusste nur eines, dass er hier und jetzt sein gegebenes Wort einlösen musste. So beugte er sich hinab und legte einen Strauss mit üppigen rosaroten Hundsrosen, mit prallen, samtenen Blütenblättern, auf den kleinen erdigen Hügel, ehe er sich wieder erhob und, ohne sich noch einmal umzublicken, Richtung Bahnhof davonging.

6. Tanz der Zuckerfee

Anmutig drehte sich die kleine Porzellanfigur im Kreis. Wie sehr Mia sie doch liebte, diese Ballerina in ihrem rosafarbenen Tutu, diesen weißen Satinschuhen, deren Bänder sich eng an ihre schmalen Fesseln schmiegten. Die aufrechte, gerade Körperhaltung so kraftvoll und doch so zart. Die Arme grazil über den Kopf erhoben, der Blick der trauer-schweren Augen weltverloren.

Mit ewig währender Gleichmut tanzte sie ihren Tanz der Zuckerfee. Immer wieder im selben Kreis, immer wieder zur gleichen Melodie. Sie war zu nichts anderem bestimmt.

Und sie selbst? War auch sie zu nichts anderem bestimmt, als zu diesem immer wiederkehrenden Tanz um ihre eigene Einsamkeit und Trauer?

Mias Blick richtete sich durch das Fenster nach draußen. Wieder neigte sich einer dieser sich ständig wiederholenden Tage seinem tristen Ende zu. Nach einem verregneten Sommer war es endlich Herbst geworden. Milchweiße Nebelschwaden erhoben sich gespenstisch aus schwarz-braunen Ackerfurchen. Die schlanken Birken in ihren goldenen Blätterkleidern wirkten wie junge Mädchen, die verloren am Wege standen. Drüben am Waldrand am Ende des Feldes ging ein grün bemäntelter Jäger mit einsamen Schritt.

Über seinen schon etwas gekrümmten Rücken herab baumelten neben seinem Gewehr kopfüber zwei tote Fasane. Nachtschwarze Krähen mit geweiteten Schwingen vollzogen ihren kreisenden Totentanz in grauer Düsternis.

Fröstelnd wandte sie sich ab und wischte gedankenverloren einige Brotkrumen von der alten, verwaschenen Tischdecke. Dann zog sie noch einmal die kleine Spieluhr auf und die Ballerina begann ihren Tanz aufs Neue.

Tränen traten ihr in die Augen, als sie daran dachte, dass dies das letzte Geschenk war, das sie von ihrer Mutter erhalten hatte. Die letzte Erinnerung an jenen schicksalhaften Tag, nach dem ihr Leben nie mehr so sein sollte, wie vorher. »Steh auf, Schlafmütze!« Sie hörte ihre Stimme noch heute. »Steh auf! Heute ist dein großer Tag. Die Welt wartet auf dich!«

Die Welt hatte nicht auf sie gewartet an diesem Tag – aber das Unglück, von dem sie glaubte, dass es sie seither nie mehr verlassen hatte. Es schien ihr, als hätte diese eine schreckliche Tragödie eine Tür geöffnet, eine Art Büchse der Pandora, aus der sich nun, geradeso als würden sie einer inneren Choreografie folgen, immer neue verhängnisvolle Dramen und Katastrophen wie spukbleiche Gespenster erheben, um sie irgendwann einmal unausweichlich ins Verderben zu führen.

Gleich nach dem Frühstück waren sie beide damals mit dem Zug in die Stadt gefahren. Es kam nicht oft vor, dass sie ihr Dorf verlassen konnte. Es kam auch nicht oft vor, dass Mama ihre Arbeit auf dem kleinen Einödhof stehenließ, um mit ihr einen Ausflug zu machen. Aber an diesem Geburtstag wollte sie Mia eine andere Welt zeigen. »Du brauchst ein wenig frischen Wind, ein bisschen Kultur, mein Schatz!«, sagte sie, während sie ihr den Kragen ihres Mantels richtete. »Landleben ist nicht alles. Es gibt mehr da draußen, viel mehr!«

Oh ja, es gab viel mehr. Und Mia kam aus dem Staunen nicht heraus, als sie an der Hand ihrer Mutter durch die Straßen und Gassen der Stadt lief. Menschen, Autos, Gebäude. Alles war in Bewegung, alles laut, alles lebendig. Welch ein Kontrast zur grauen Eintönigkeit ihres Lebens daheim. Sie konnte sich kaum sattsehen. Durch das Getümmel der Menschen hindurch führte Mama sie direkt zum großen Dom. Noch nie hatte Mia eine solch erhabene Kirche gesehen. Ehrfurchtsvoll hob sich ihr Blick die hohen gotischen Säulen empor. Dämonische Wasserspeier, Teufelsfratzen und Hexengesichter grinsten furchterregend und beängstigend auf sie herab. Strengblickende Heiligenfiguren, stumm und starr, umrahmt von steinernem Blattwerk und kunstvoller Ornamentik säumten die Gänge, die, an Gebetsbänken und geschnitzten Beichtstühlen vorbei, zum großen Altar führten. Ein Duft von Weihrauch und Heiligkeit hüllte Mia ein. Sie war sprachlos. Ihr Herz klopfte zum Zerspringen. Niemals hätte sie sich vorstellen können, dass es derartigen Prunk überhaupt gab. In einer kleinen Seitennische unter dem Bildnis einer goldbekränzten Mutter Gottes zündete Mama eine Kerze an und steckte sie zu den unzähligen bereits brennenden Lichtern, die auf einem stufenförmig aufgebauten Metallständer der verzweifelnden Hoffnung ihrer Spender flackernden Ausdruck verliehen.

Draußen vor dem Dom, in einem winzigen Andenkenladen, der bis zur Decke angefüllt war mit Devotionalien, Heiligenfiguren und Marienstatuen aus Kunststoff, Rosenkränzen, Kerzen und Votivtafeln, Schneekugeln, wertlosem Tand und billigen Souvenirs kaufte Mama ihr schließlich diese Spieluhr. »Glück soll sie dir bringen, mein Kind!«, sagte sie. »Sie soll dich daran erinnern, dass es ein anderes Leben gibt. Musik, Tanz und Schönheit und ich möchte, dass du all das erlebst. Du sollst nicht auf dem Dorf versauern, so wie ich.«

An den Unfall selbst konnte Mia sich nicht mehr erinnern. Wohl noch an das schrille Quietschen von Bremsen, an die erschreckten Rufe der Passanten und das bald darauf einsetzende, aufgeregte Tatütata des Rettungswagens. Sie wusste auch später nicht zu sagen, wie sich ihre Hand aus der ihrer Mutter gelöst hatte. Warum Mama plötzlich blutüberströmt auf der Straße lag, mit bizarr verwinkelten Beinen, einem hochgeschobenen Rock, während sie selbst noch auf dem Treppenabsatz vor dem Dom stand. Bruchstückhaft trug sie immer noch das Bild des schreckverzerrten Gesichtes einer fremden Frau in sich, die sich die Hand vor den Mund schlug, als wolle sie damit einen Aufschrei unterdrücken. Sah schneeweiße Tauben im gleißenden Sonnenlicht vor einem strahlend blauen Himmel aufsteigen.

Sie konnte später auch nicht sagen, wie sie wieder nach Hause gekommen war und wer ihrem Vater schließlich die traurige Nachricht überbrachte, dass Mama nicht mehr wiederkommen würde.

Sie wusste nichts mehr von der Beerdigung, die bald darauf auf dem kleinen Kirchhof stattfand, von ihrem ersten Schultag nach diesem schrecklichen Unglück, von den Reaktionen der Nachbarn, Lehrer und Mitschüler. Nur an eines konnte Mia sich erinnern, nämlich daran, dass sie lange Zeit wütend über ihre Mutter war. Wütend darüber, dass sie sie allein gelassen hatte, mit dem Hof, den beiden kleineren Brüdern, für die sie nun mit ihren 12 Jahren zu sorgen hatte und nicht zuletzt allein mit dem Vater, der einsilbig und mit kalter Strenge von ihr all das forderte, was bis dahin Aufgabe seines Eheweibes gewesen war. Tagtäglich hatte sie mit einer nach außen getragenen Gleichmut dieses Schicksal ertragen – sich genau wie die kleine Zuckerfee in nicht enden wollenden Kreisen bewegt. Aber jeden Tag, jede Stunde und jede Minute hatte sie von einem anderen Leben geträumt. Von einem Leben, dass auch ihre Mutter sich für sie gewünscht hätte.

Ein Leben wie ein Rausch, glücklich und frei von aller Last und sie war sich sicher, eines Tages würde es real werden. Sie würde sich diesem Leben hingeben in zügelloser Leidenschaft. Sie würde ausbrechen aus der Enge und Miefigkeit des Seins und nicht wie ein bescheidenes Vergissmeinnicht verblühen. So sehr hatte sie sich dieses Leben erträumt und erhofft, dass sie mit 16 von zuhause weglief. In die große Stadt. Dieses Mal aber nicht zum Dom, sondern hinunter zum Hafen, dort, wo das Leben pulsierte. Und schon am ersten Abend hatte sie sich in den nächstbesten Matrosen verliebt, der damals eines der großen Schiffe verlassen hatte. Er roch nach Salz und Teer und der Weite der Meere. Und er wollte sie. Das war ihr genug. Genug um mit ihm zu gehen, mit einem kleinen Koffer in der Hand, in dem nichts weiter war als ein paar warme Sachen und die porzellanene Spieluhr ihrer Mutter.

Und ihr Matrose? Der Duft der großen, weiten Welt war schnell verflogen, nachdem Johann sie hierher gebracht hatte, in seine Heimat, die ihr so fremd war und immer blieb. Die durchzogen war von einem eiskalten Nordwind, der durch Glieder und Seelen fuhr und beides unbarmherzig und unerbittlich erstarren ließ.

Nach wenigen leidenschaftlichen Nächten ließ Johann sie zurück – alleine und völlig mittellos – und sie wusste nicht einmal, in welchen Hafen sein Schiff ihn trug. Als er mit seinem Seesack durch die alte, hölzerne Haustüre getreten war, erkannte sie mit bitterer Klarheit, dass sie wieder in der gleichen dörflichen

Einöde gelandet war, aus der sie gehofft hatte, zu fliehen.

Ach, was halfen all diese wehmütigen Gedanken. Sie ging hinüber zur Anrichte und schaltete das Radio an. Ein austauschbarer, monotoner Ohrwurm zog mit zähfließender Langeweile durch den Raum. Sie hasste diese Art von seichter Schlagermusik, aber sie hoffte, dass sie sich dadurch ablenken konnte. Sie musste damit aufhören, immer aufs Neue mit dem Schicksal zu hadern! Sie hatte es doch geschafft. Sie hatte überlebt. Das Leben war schließlich kein Wunschkonzert. Freilich, die ersten Jahre waren hart. Johann kam immer nur für wenige Tage, höchstens Wochen als ihr Ehemann nach Hause, ehe er wieder, leichten Herzens und voller Abenteuerlust, von ihr ging. Das Einzige, was von ihm blieb, waren die Kinder, die jedes Jahr mit schöner Regelmäßigkeit zur Welt kamen. Kleine, rotgesichtige, laut schreiende Monster, die alles von ihr forderten, was sie nur zu geben in der Lage war. Aber sie hatte jedes von ihnen groß bekommen, dafür gesorgt, dass es anständig zu essen und Kleidung hatte und in die Schule gehen konnte. Und irgendwie hatte sie sie alle auf ihre Art geliebt – auch Simon, ihr Sorgenkind. Schon als er geboren wurde, wusste Mia, er war anders. Vom ersten Atemzug an umgab ihn eine Aura der Schwere, der Düsternis, die niemand durchdringen konnte. Wortkarg und schroff wuchs er heran, niemals bereit zu einem Lächeln, einer Geste des Verstehens. Sie fragte sich oft, in welcher Welt er existierte und manches Mal, da reizte es sie geradezu, seine Mauern durch lautes Schelten und Schläge zu durchbrechen. Aber es war ihr nie gelungen – im Gegenteil. Nicht einmal die Prügel mit dem alten Lederriemen brachten ihn dazu, seine Verschlossenheit aufzugeben.

Lange Zeit hatte sie gedacht, die Armut wäre schuld an Simons Schwermut. Sie würde ihn davon abhalten, sich Freunde zu suchen oder Mitglied in Sportclubs oder Vereinen zu werden. Aber seit Johann nicht mehr zur See fuhr und seine Hoyer nicht mehr in fremden Häfen ließ, sondern regelmäßige Arbeit auf einem Bohrturm angenommen hatte, war Geld kein Thema mehr. Es ging ihnen gut. Als Vater und Ehemann war Johann zwar immer noch nicht anwesend, aber seine Schecks kamen pünktlich, was das Leben hier in diesem kleinen Haus für sie alle um ein Vielfaches erleichterte und auch ihr Ansehen in der Dorfgemeinschaft hob.

Man grüßte jetzt freundlich, wenn sie im kleinen Kramerladen ihre Lebensmittel bezahlte und nicht mehr ums Anschreiben betteln musste. Man lud sie ein zu Dorf- und Schulfesten und in der Kirche rutschte man bereitwillig zur Seite und bot ihr Platz in den engen Gebetsbänken.

Auf Simon jedoch schien das alles keinen Einfluss zu haben. Er war und blieb ein Sonderling. In manchen kurzen Momenten dachte Mia daran, ihn zu einem Arzt zu bringen, einem Psychologen, der ihr sagen konnte, was mit dem Kind nicht in Ordnung war. Aber dann schämte sie sich. War es nicht ihre Aufgabe als Mutter dafür zu sorgen, dass aus ihren

Kindern anständige Menschen wurden? Und was hätte sie diesem Arzt auch sagen sollen? Hätte sie ihm erzählt von den toten Kaninchen im Stall, den winzigen, nackten, blaugeäderten Vogeljungen, deren Eier irgendjemand aus ihren Nestern geworfen hatte, von den blauen Flecken und blutigen Striemen auf den Armen der kleinen Lisa, über deren Herkunft das Mädchen eisern schwieg? Es war doch gar nicht erwiesen, dass Simon hinter all diesen Dingen steckte.

Draußen vor dem Fenster hatten sich die Nebel jetzt langsam aufgelöst, ein leuchtendes Abendrot ergoss sich bedrohlich über die Wiesen. Mia erschien es mit einem Mal, wie ein böses Omen, ein Zeichen, das auf ein heraufziehendes Unheil deuten wollte.

Nein, jetzt war wirklich Schluss mit diesen düsteren Gedanken! Simon war eben ein wenig anders. Man konnte an ihn keinen Maßstab anlegen, wie an andere Kinder. Er würde niemals Mathematiker oder Architekt werden. Na und? Das hieß aber doch noch lange nicht, dass er böse war oder krank. Nein, es war nur wieder einer jener Tage, an dem sie so besonders dünnhäutig und ängstlich war. Und freilich hatte es sie erschreckt, als sie heute Morgen feststellen musste, dass aus Johanns Waffenschrank ein Gewehr fehlte. Aber, wenn sie ehrlich war, musste sie zugeben, dass sie, seit er zum letzten Mal hier gewesen war, gar nicht kontrolliert hatte, ob die Waffen vollzählig waren. Es war sicher so, dass Johann eine davon zur Reparatur oder zum Reinigen gebracht und nur vergessen hatte, sie vor seiner Abreise wieder abzuholen.

Bald würde Simon nach Hause kommen und er würde – wie immer – keine Silbe darüber verlieren, wie er den Tag verbracht hatte. Er würde wortlos sein Abendbrot einnehmen und sich dann in seinem Zimmer einsperren. Was immer er darin auch treiben mochte. Ein Junge in seinem Alter brauchte doch ein wenig Selbstständigkeit, ein wenig Vertrauen und keine ständige Kontrolle.

Mia wandte sich vom Fenster ab, wollte hinübergehen in die kleine Küche, um die Suppe aufzuwärmen, die seit mittags schon auf dem Herd bereitstand. Im selben Augenblick, in dem der letzte Lichtstrahl des Tages durch das Fenster nach drinnen fiel, hielt sie inne, als im Radio die Stimme des Nachrichtenmoderators erklang:

»Wie ein Polizeisprecher soeben mitteilte, kam es an der Gemeinschaftsschule von Hinterwald zu einem Amoklauf. Acht Schüler im Alter von 10 bis 14 Jahren und zwei Lehrkräfte kamen durch Gewehrschüsse ums Leben. Mehrere Personen wurden verletzt. Nach bisherigen Ermittlungen handelt es sich bei dem mutmaßlichen Täter um einen 14-jährigen Schüler, der als Einzelgänger beschrieben wird. Nach einem Schusswechsel mit der Polizei zählt auch er zu den getöteten Opfern. Wir berichten, sobald neue Erkenntnisse zum Tathergang vorliegen.«

»Nein, nicht Simon! Nein!«, murmelte sie, während draußen im unheilschwanger flackernden Blaulicht ein Polizeibeamter aus seinem Wagen stieg und mit langsamen, schweren Schritten auf das Haus zukam.

7. Ein schlechter Mensch

Rosmarie wusste, was sie tat und sie wusste auch, dass das, was sie tat, sie eines Tages geradewegs in die Hölle führen würde. Nachts, wenn sie wach lag und auf den Schlag ihres Herzens hörte, wenn die Bilder kamen, von denen der Pfarrer in der Kirche sprach, von Feuersbrunst und Verdammnis, von unendlichen Qualen in der sengenden Hitze des Purgatoriums, wenn die Angst in ihr hochkroch wie ein Tier und ihr den Atem raubte, dann wusste sie, dass sie ein schlechter Mensch war.

Aber jeden Morgen, wenn sie aus dem Bett stieg, um als erstes nach ihren jüngeren Geschwistern und ihrer Mutter zu sehen, war die Angst der Sorge gewichen. Der Sorge um ihre kleine Familie, für die sie sich verantwortlich fühlte und die sie irgendwie am Leben erhalten musste.

Mamas Bett war wieder einmal unbenutzt. Gleich nachdem ihre beiden Schwestern mit den Resten des trockenen Brotes auf dem Weg zur Schule waren, machte sie sich auf die Suche. Sie kannte die Plätze, die verlassenen Hinterhöfe, die dunklen Hauseingänge, die halb offenen Kellerschächte – irgendwo würde Rosmarie sie auch heute finden. So oft war sie die Gassen und Straßen schon gelaufen, zitternd, bangend und hoffend, dass sie nicht zu spät kam und Mama noch am Leben war. Heute Nacht war es wenigstens nicht kalt gewesen, hatte nicht gefroren, nicht geschneit. Es war noch mild in diesem Jahr. Gleich im zweiten Hinterhof hatte sie Glück. Drüben im Anwesen der Gerberei, wo die noch blutigen Fell- und Hautstücke zum Trocknen hingen, lag ihre Mutter zwischen zwei Aschentonnen. Sie stöhnte, als Rosmarie ihr auf die Beine half und sie nach Hause brachte.

Es war wie immer. Mama weinte und flehte, man möge sie doch endlich sterben lassen. Kein Hahn würde nach ihr krähen. Rosmarie schälte die betrunkene Frau aus den Kleidern, wie eine nasse, schwere Puppe und legte sie aufs Bett. Dann rannte sie in die Waschküche, holte Eimer und Lappen, um das Erbrochene aufzuwischen. Sie arbeitete mechanisch, einen Handgriff nach dem anderen. Sie tröstete die Mutter, sprach ihr Mut zu, so lange, bis die erschöpfte Frau in einen tiefen, ohnmachtsähnlichen Schlaf sank.

Rosmarie atmete auf. Es war wieder einmal gut gegangen. Mama war nicht gestorben. Das war ihre größte Angst, dass sie eines Tages nicht mehr aufwachen würde, nach einer dieser Nächte, dass sie sterben würde, einsam und trunken vom Alkohol, verlassen von den Männern, mit denen sie gezecht hatte und die ihre Späße auf Kosten dieser schwachen Frau trieben.

Seit Papa sie verlassen hatte, war ihr Leben ein anderes geworden. Rosmarie wusste nicht, ob sie traurig oder froh darüber sein sollte. Freilich, seit Papa nicht mehr da war, gab es auch keine Schläge mehr, weder für Mama, noch für sie. Aber dennoch gab es Augenblicke, in denen sie sich wünschte, er wäre hier.

Würde wie früher, wenigstens ab und zu ein wenig Geld in den Krug oben auf der Anrichte stecken, damit sie alle zu essen hätten. Was waren schon ein paar Ohrfeigen gegen diese ständige Angst? Damals ging Rosmarie regelmäßig zur Schule, zumindest dann, wenn sie sich nicht wieder für ein blaues Auge oder eine aufgeplatzte Lippe hatte schämen müssen. Mama war nie über Nacht weggeblieben, auch wenn die Leute sagten, Papa, der arme Kerl, hätte ja gehen müssen, weil seine Frau gesoffen und gehurt hätte. Aber Rosmarie wusste es besser. Mama hielt die Einsamkeit nicht aus und die Arbeit mit den Kindern wuchs ihr über den Kopf. Lieber würde sie sich heute noch schlagen lassen, wenn sie nur wüsste, wohin sie gehörte. Das sagte Mama selbst oft, wenn sie nach ihren schweren Rauschzuständen langsam wieder zu sich kam und bedauerte, dass der liebe Gott ihnen allen so ein schweres Los auferlegt hatte. »Gott liebt uns nicht, nicht Menschen wie uns«, sagte sie, und: »Die Mutter Gottes hat uns vergessen.«

Niemand wusste, wo Papa sich aufhielt. Seit letzten Januar hatten sie nichts mehr von ihm gehört. Er hatte Arbeit bekommen, auf einem Schiff hoch im Norden. Rosmarie hatte noch nie ein Schiff gesehen. Sie wusste nur, dass sie auf dem Meer fuhren, weit weg in ferne Länder. Aber auch das Meer kannte sie nicht und in ihren schlaflosen Nächten versuchte sie sich vorzustellen, wie es wohl war, mit seinen rauschenden Wellen und schaukelnden Wogen. Anfangs hatte Papa noch ab und zu etwas Geld geschickt, wortlos in einem Umschlag. Irgendwann blieben diese

Umschläge aus. Die Leute in der Dorfwirtschaft erzählten, dass er jetzt eine neue Familie hätte, für die er übers Meer fuhr, um Geld zu verdienen, für irgendeinen Krug auf irgendeiner Anrichte – irgendwo weit weg.

»Eines Tages kommt er wieder, du wirst sehen!«, sagte Mama. Aber Rosmarie glaubte nicht daran. Sie schwieg, denn Mama durfte sich nicht aufregen. Mama hatte es auf der Lunge. Das Atmen fiel ihr schwer, auch ohne Zigaretten und Alkohol. Deshalb ihre Angst um sie. Immer wieder ging Rosmarie in die alte Marienkirche drüben am Brunnenplatz und betete darum, dass Papa wieder zurückkäme und Mama weiterhin ihre nächtlichen Ausflüge überleben würde. Es war Rosmarie egal wie, ob weinend, klagend, ängstlich, stinkend nach Alkohol, Urin und Erbrochenem – egal, Hauptsache am Leben. Und so betete sie inständig, dass die Mutter Gottes sich wieder erinnern mochte, dass es sie gab.

Heute aber war alles gut. Sie hatte es geschafft. Mama lag in ihrem warmen Bett und schlief. Und solange sie schlief, musste Rosmarie keine Ängste ausstehen. Für die Schule war es wieder einmal zu spät. Sie wusste, was der Lehrer sagen würde. Diese demütigenden, verletzenden Worte zu hören, war morgen noch früh genug. Morgen, sofern sie sich nicht wieder auf den Weg machen musste, um Mama zu suchen. Aber heute war alles gut.

Rosmarie dachte nicht darüber nach, dass sie selbst noch nichts gegessen hatte. Sie hatte noch gut zwei Stunden, ehe die Kleinen wieder von der Schule kamen, die mussten genutzt werden. Heute war Dienstag. Der Bierfahrer brachte seine Lieferung zum Gasthof im Dorf. Er war ein grobschlächtiger Mann, laut, aber freundlich und er lachte viel. Von all den Männern, die Rosmarie kannte, war er der netteste. Dass er nach Schweiß, alter Wäsche und manchmal nach Knoblauch roch, versuchte sie, so gut sie konnte, zu verdrängen.

Es waren ja nur ein paar wenige Minuten und danach konnte sie essen kaufen für sich und die Kinder. Sie brauchten Brot, vielleicht war auch ein Stück Butter drin, und wenn er zufrieden war, gab er ihr sicherlich auch noch eine Flasche Bier für die Mutter mit. Dann würde sie heute Nacht zuhause bleiben und nicht mehr ausgehen. Nur daran wollte sie denken, solange sie bei ihm im Wagen sass und nicht daran, was der Pfarrer sagen würde, nicht an die unendlichen Qualen im Fegefeuer, die sie irgendwann einmal erleiden würde, weil sie ein schlechter Mensch war.

Aber heute war irgendwie alles anders. Der Bierfahrer schien einen schlechten Tag zu haben, sein Atem roch noch mehr nach Bier und Knoblauch als sonst und er schien wütend zu sein – aus irgendeinem Grund. Er war grob zu ihr, mehr als sonst. Aber das Schlimmste war, dass er ihr nicht einmal Geld geben wollte dafür, dass sie nett zu ihm gewesen war. Er hustete nur, spukte ihr seinen zähen Schleim vor die Füße, während er seine Hose zuknöpfte. »Verschwinde!«, brummte er. »Hau ab, du Balg. Geh heim zu deiner versoffenen Mutter. Kein Wunder, dass dein Alter abgehauen ist, der wird sich geschämt haben, für diese verkommene Brut!«

Als er über sie hinweg zur Beifahrertür griff, um sie aus dem Wagen zu werfen, wusste sie gar nicht, wie ihr geschah. Ihr Blick fiel auf eine braune Flasche, die vor ihr auf dem Boden lag. Ein Griff, ein Schlag. Der Bierfahrer sank auf ihrem Schoss zusammen. Nie würde sie den überraschten Ausdruck seiner Augen vergessen, seine immer bleicher, fast gräulich werdende Haut, den Geruch des schäumenden Bieres und schließlich das tiefe, satte, glänzende Rot des Blutes, das jetzt unaufhaltsam über sein Gesicht herab auf ihren Rock lief.

*

Man brachte Rosmarie in ein Heim für schwererziehbare Jugendliche. Sie galt als besonders hoffnungsloser Fall. Das hatte man auch bei der Gerichtsverhandlung bestätigt, die man wenige Wochen später über sie hielt. »Heimtückisch habe sie den ehrbaren Bierfahrer Friedrich M. getötet, in der Absicht ihn zu berauben«, obwohl man bei der Verhaftung in ihren Taschen kein Geld fand. Rosmarie sagte nichts während ihrer Vernehmung. Kein Wort. Stumm ließ sie alle Anschuldigungen über sich ergehen.

Jetzt, bei der Urteilsverkündung, hörte Rosmarie kaum die Worte des Richters. Es kümmerte sie auch gar nicht, was er zu sagen hatte. Ihr Herz klopfte heftig und in ihren Ohren rauschte es, denn an diesem Morgen hatte sie eine Nachricht erhalten. Die Anstaltsleiterin überbrachte sie ihr persönlich: Heute in den frühen Morgenstunden hatte man ihre Mutter gefunden. Erstickt an ihrem eigenen Erbrochenen, in einem Hinterhof in einer kleinen Nebengasse unweit ihrer Wohnung. Ihre beiden Schwestern hätte man bereits dem Jugendamt übergeben. Dort warteten sie auf die Überstellung in ein Waisenhaus.

In diesem Augenblick wusste Rosmarie mit deutlicher Klarheit: Alles, was geschehen war und von nun an noch geschehen würde, war die Strafe dafür, dass sie nichts weiter war, als ein schlechter Mensch.

8. Was wäre gewesen?

Oh ja, es gibt sie, diese Augenblicke, die mich gefangen halten in den düster-schweren Träumereien des »Was wäre gewesen, wenn ...« Ja, was wäre gewesen, wenn? Wenn dieser Tag anders verlaufen wäre? Wenn es ihn, diesen unseligen Tag damals, vor nun schon mehr als 60 Jahren, nicht gegeben hätte? Wenn, wenn, wenn ... Wie ein Karussell drehen sich diese bohrenden und quälenden Gedanken in meinem Kopf. Immer wieder kommen sie hervor, wie grellbunt lackierte, grinsende Holzpferde, in einem endlosen Auf und Ab, fixiert an gedrechselten Stangen, verdammt zu einem sich ständig drehenden Tanz, angetrieben durch eine nervtötend blecherne Musik.

Was wäre gewesen, wenn dieser Tag mir nicht zum Verhängnis geworden wäre? Oder besser gesagt, Hans? Es war seines gewesen, sein Verhängnis, sein Schicksal – es hatte sein Leben gekostet, nicht meines.

Wie viele Frühlingserwachen hatte es für mich seit damals gegeben? Wie oft fiel das Laub von den Bäumen, wie oft hatte es geschneit? Wie viele Weihnachtsfeste, Ostern, Geburtstage, die er alle nicht erleben durfte? Und ich, der es durfte, nicht eines davon ohne Schuld.

Aus zusammenhanglosen Erinnerungsfetzen taucht immer wieder ein Bild vor meinen Augen auf. Sein Bild. Hans, wie er damals an seinem ersten Tag an unsere Schule kam. Alte speckige Lederhosen, die viel zu langen Träger über die schmalen Schultern gerutscht. Die zerschlissenen Schuhe zu groß, das vergilbte Leinenhemd mehrfach geflickt, abgestoßen an Kragen und Ärmel. Sein wachsbleiches Gesicht wirkte abweisend, unfreundlich fast und fremd. Die blauen Augen von dunklen Schatten umrahmt, den Blick fest auf den Boden gerichtet. Das dunkelblonde Haar erinnerte an verregnete Weizenfelder. Er war ein Verlierer, das sahen wir alle gleich. Einer, der nie zu uns gehören würde. Einer, der noch mehr nach Dreck, nach Elend und Armut roch, als wir es taten.

»Das ist Hans!«, sagte unser Lehrer, Herr Lehmann, und man hörte die Unzufriedenheit über diesen Neuzugang in seiner Stimme. »Hans Novak. Er geht ab heute in eure Klasse!« Dann packte er den Buben mit beiden Händen an den Schultern, schob ihn durch die Reihe und drückte ihn in die letzte Bank. Das war das erste und einzige Mal, dass Herr Lehmann von Hans Notiz nahm. Von Stund an versank er im Sumpf pädagogischer Ignoranz. Aber Hans war jemand, der ohnehin keine Überschwänglichkeiten im Umgang mit ihm erwarten durfte. Er kam aus schlechten Verhältnissen, wie man damals sagte.

Warum seine Mutter mit ihm in unser Dorf gezogen war, konnte niemand sagen. Vermutlich interessierte es auch keinen. Die Leute redeten sowieso. Sie hatten ihre eigenen Wahrheiten. Die beiden lebten draußen in der alten Mühle. Sie waren Habenichtse, Armselige, Ausgemusterte. Heruntergekommenes Pack. Nicht einmal ein Vater im Haus. Frau Novak war ledig. »Ledig« – diesem Wort haftete etwas Sündiges an, etwas Schmutziges, über das man nur hinter vorgehaltener Hand sprach und vor dem man uns Kinder zu schützen suchte. Keinen Mann zu haben, das war in den Augen der Dorfgemeinschaft schlimmer, als ein Säufer oder Hurenbock, einer der Frau und Kinder schlug, einer, der sein Geld im Wirtshaus ließ. Natürlich wusste man, dass es gerade in diesen Nachkriegsjahren genügend Witwen gab, deren Männer ihr junges Leben viel zu früh auf den Schlachtfeldern gelassen hatten – aber der Gedanke an etwas Anrüchiges war weit verführerischer als irgendeine traurige Wahrheit. Davon hatte man doch selbst genug erlebt.

Freilich ließ man sich von Frau Novak, die Toiletten putzen, die Küchenböden schrubben. Man ließ sie Näharbeiten machen, weil sie viel Arbeit für billiges Geld leistete und weil man sich am Sonntag nach der Kirche so gerne im glorreichen Schein christlicher Nächstenliebe sonnte. Aber dennoch waren und blieben die Novaks Außenseiter, die man mied, so gut man konnte. Man ließ die Frau keine Minute unbeobachtet in den Häusern arbeiten. Niemals ohne Aufsicht. Wer hätte schon sagen können, auf welche Ideen so eine wie sie kommen konnte.

»Schlechter Umgang« sei dieser Bub, so sagte man und diese Warnung galt in erster Linie uns Kindern. »Dass du dich nicht mit ihm herumtreibst!«, mahnte meine Mutter und: »Bring ihn ja nicht ins Haus! Wer weiß, welche Krankheiten oder Ungeziefer er mit sich rumschleppt.«

Diese Appelle waren jedoch im Grunde gar nicht nötig. Wir spielten nicht mit Hans. Unser Umgang mit ihm beschränkte sich darauf, ihn zu hänseln. Wir nannten ihn »Schwachkopf« oder »Mama-Bubi« und er ließ es sich gefallen. Er ließ sich gefallen, dass wir ihn herumschubsten, dass wir ihm beim Sport ein Bein stellten, dass wir ihm seine trockenen Pausenbrote aus der Hand rissen und sie in den Dreck traten. Hans ließ sich alles gefallen. Bleich und stumm, mit weidwundem, anklagenden Blick, der unsere Aggression auf ihn nur immer weiter anstachelte. Daran änderte sich auch nichts, als wir erfuhren, dass seine Mutter krank war und wohl nicht mehr lange zu leben hatte. Im Gegenteil, diese Nachricht erschien uns geradezu als eine gerechte Strafe des Himmels für jemanden wie ihn. Er schien nichts Besseres verdient zu haben. Sie war eine Art Absolution, die uns erteilt wurde, mit ihm so zu verfahren, wie wir es taten, weil nicht einmal die Schicksalsmächte Gnade mit ihm kannten.

Immer wieder denke ich darüber nach, wie es damals zu diesem unglückseligen Zusammentreffen zwischen uns beiden gekommen war? Welchen schicksalhaften Umstand konnte ich verantwortlich machen, für das, was ich tat? Was wäre gewesen, wenn? Wenn mein Freund Ernst an jenem Tag nicht von seinem Vater dazu verdonnert worden wäre, Brennholz aufzuschichten? Wenn Peter nicht mit Masern im Bett gelegen und Kurt keinen Hausarrest bekommen hätte? Wenn ich nicht mutterseelenallein den verschneiten Weg hinunter zum Dorfweiher geschlendert wäre – gelangweilt, missmutig, auf der Suche nach einem Abenteuer, das die stupide Einöde dieses endlos einsamen Winternachmittags durchbrechen würde? Was wäre gewesen, wäre nicht auch Hans an diesem Nachmittag am Ufer des Weihers gestanden?

Als ich ihn sah, war mein erster Impuls, umzudrehen und zurück ins Dorf zu gehen, ehe er mich bemerken würde. Ich hatte kein Interesse daran, ihn wissen zu lassen, dass auch ich einsam und alleine sein konnte. Es erschien mir, wie ein Eingeständnis von Schwäche. Aber irgendwie war mir am Ende seine Gesellschaft doch lieber als gar keine.

So standen wir eine Weile wortlos nebeneinander am Ufer, warfen Steine auf die Eisfläche, deren sonst so milchiges Weiß an manchen Stellen dunkel und durchsichtig war und die unergründliche Tiefe des Wassers erahnen ließ.

Irgendwann fingen wir an, miteinander zu reden. Ich weiß nicht mehr, ob ich ihn danach fragte oder ob es ihn ganz einfach drängte, endlich seine Geschichte zu erzählen. Von seinem Vater, der im Krieg geblieben war, der das Eheversprechen, das er seiner Mutter gegeben hatte, nicht einhalten konnte. Davon, dass die Eltern des Vaters ihn nicht als Enkel anerkennen wollten. Und davon, dass er immer noch träumte, sein Vater käme eines Tages zurück. Zurück aus einer Gefangenschaft, einem Lazarett oder auch von einem geheimen Kriegsauftrag, von dem niemand etwas wissen durfte. Dann würde der Großvater es bedauern, dass er ihn und seine Mutter aus dem Haus gejagt hätte, weil sie, die »Dahergelaufene«, nicht standesgemäß für die Familie war.

Ich warf einen Stein. Mit einem dumpfen Knall schlug er nach wenigen Metern auf, schlitterte über die Eisfläche, bis er schließlich in etwa der Mitte des Weihers liegen blieb. Ich wusste um die Gefährlichkeit. Durch die verschiedenen Zuläufe war das Eis an vielen Stellen sehr dünn. Wir Kinder waren immer wieder von Eltern und Lehrern davor gewarnt worden, die Fläche zu betreten. Dennoch hörte ich mich irgendwann diese Worte sagen: »Wetten, du traust dich nicht! Du traust dich nicht, den Stein wieder zu holen!«

Hans blickte mich an. Ich sah die Angst in seinen Augen. Aber ich sah auch etwas anderes: Hoffnung! Die Hoffnung darauf, dazu zu gehören. Endlich einer von uns zu sein. Endlich Freunde zu haben. Er ging auf den Weiher hinaus. Ganz vorsichtig zunächst, in kleinen tapsenden Schritten, das Eis knacksend und knirschend unter seinen alten, ledernen Schnürstiefeln. Ich erinnere mich noch, wie mein Herz schlug, während ich ihm nachsah – wild und heftig – aber nicht aus Sorge um ihn. Nein, es pochte vor Aufregung, vor Anspannung und vor banger, aber ebenso lüsterner Erwartung des Augenblicks, in dem das Eis krachend unter ihm nachgeben würde. Und dann geschah es. Hans war nur ein wenig vom Ufer entfernt, ein oder zwei Meter vielleicht, als plötzlich ein berstendes, splitterndes Geräusch erklang. Es hallte durch die hohen Tannen des Waldes hindurch, Krähen flatterten krächzend auf in den grauen, wolkenverhangenen Winterhimmel. Durch die Eisfläche zog sich, immer schneller werdend, ein Sprung, eilte links und rechts unter seinen Füssen hindurch, weitete sich aus. Hans wandte sich zu mir um. Hilfesuchend hob er die Hände, aber nach und nach platzten jetzt die Eisschichten auf und wie durch ein grellweißes Spinnennetz hindurch schien ihn eine gewaltige unsichtbare Kraft in die Tiefe zu ziehen. Die Strömung riss ihn mit sich, schob ihn unter die transparente Eisfläche hinein und ich sah ihn an mir vorübergleiten, wenige Meter nur von mir entfernt, zum Greifen nahe. Die Zeit schien stillzustehen. Wie in Zeitlupe zog seine schmale Gestalt dahin, die blauen Augen weit geöffnet, blickte er mich an, das dunkelblonde Haar, dessen Farbe an ein verregnetes Weizenfeld erinnerte, wie ein dunkler, tanzender Strahlenkranz um seinen Kopf.

Nein, ich rief nicht um Hilfe! Ich griff auch nach keinem Ast. Ich legte mich nicht bäuchlings auf die gefrorene Fläche, so, wie man uns das in der Schule beigebracht hatte. Ich stand einfach nur da, still und stumm und ohne jegliche Regung. Stand da und sah Hans vorüber treiben.

Ich weiß nicht zu sagen, wie lange ich in dieser Haltung verharrte. Irgendwann – von Hans war längst nichts mehr zu sehen – wandte ich mich um und ging zurück nach Hause.

Man fand seine Leiche einige Tage später, am anderen Ufer, fest umschlungen von Teichgräsern und abgestorbenen Zweigen.

Wochenlang lebte ich in der ständigen Furcht, irgendjemand hätte mich gesehen. Irgendjemand würde um dieses dunkle Geheimnis wissen, darum, dass ich es war, der Hans in diese Gefahr gebracht hatte und auch darum, dass ich ihm diesen letzten Akt der Menschlichkeit verweigerte, diesen Versuch ihn zu retten.

Aber aus Wochen wurden Monate und aus Monaten schließlich Jahre. Je mehr Zeit verging, umso geringer wurde meine Angst. Die Träume verblassten. Das Leben rief nach mir und ich antwortete nur zu gern darauf. Irgendwann verließ ich mein Elternhaus, um auf eine höhere Schule zu gehen. Ich studierte, machte Karriere und gründete eine Familie. Aber ich kehrte nie mehr in unser Dorf zurück.

9. Julia Pastrana

Wieder waren wir mit dem letzten Sonnenstrahl aus der Stadt hinaus gefahren. Ein endloser Zug aus kleinen, hölzernen Behausungen, Maschinen- und Transportwagen, eisernen Käfigen auf Rädern, in denen Löwen, Tiger und Elefanten ihr trostloses Dasein fristeten.

Das Ruckeln und Rattern der Räder war für uns alle wie der Schlag einer Trommel, die den Rhythmus unseres Lebens bestimmte. Wohin hatte er uns nicht schon getragen? Von Stadt zu Stadt, in fremde Länder, ja sogar auf ferne Kontinente. Oft wusste ich gar nicht, wie die Orte hießen, an denen wir uns befanden. Aber im Grunde war es auch egal. Überall zahlten Menschen gutes Geld dafür, dass sie mich Missgeburt, Bestie oder Ungeheuer nennen durften.

Es war schon immer so, mein ganzes Leben lang. Es macht mir nichts aus – im Gegenteil, es gibt Momente, in denen ich mich in der Aufmerksamkeit sonne, die man mir zuteilwerden lässt. Solange die Menschen auf Abstand bleiben, mich nicht berühren oder gar verletzten. Und dafür hat Theodore gesorgt. Seit jenem Zwischenfall vor einem Jahr, bei dem ein Betrunkener eine volle Bierflasche gegen meinen Kopf warf, war ich vor einem direkten Kontakt mit dem Publikum durch eine Glasscheibe geschützt.

Theodore achtet immer gut auf mich. Mein wunderbarer Theo. Er liebt mich, das wusste ich vom ersten Augenblick an. Nie werde ich sein sanftes Lächeln vergessen, mit dem er mich ansah, nachdem er meiner Mutter damals ein Bündel Geldscheine in die Hand gedrückt hatte und mich mit sich nahm. Oh ja, – er kaufte mich – aber er kaufte mich frei! Ich war für ihn nie eine Sklavin. Er brachte mich weg aus diesem Elend. Nie hat er mich geschlagen oder gequält, wie sie, nie hat er mich in einen Käfig gesperrt, wie sie es tat. Diese Frau, die mich geboren hatte und sich dafür schämte. Er hat mich behandelt wie ein Wesen aus Fleisch und Blut und nicht, wie eine Ausgeburt der Hölle. Er gab mir Wärme, Essen und er gab mir ein Heim. Wie groß war meine Angst, als er mich damals vor so vielen Jahren mit sich nahm auf diese Reise ins Ungewisse. Unzählige Tage und Nächte waren wir unterwegs mit dieser schnaufenden, dampfenden Eisenbahn durch Sonne und Regen, durch Wind und Sturm. Hoch oben im Norden, sah ich zum ersten Mal in meinem Leben weiße Flocken vom Himmel fallen und wir fuhren direkt hinein in diese eisige Schneelandschaft. Über uns tobte ein nicht enden wollendes Wintergewitter. Donner grollte über uns hinweg und im Sekundentakt wurde der nachtschwarze Himmel auf gespenstische Art durch herab zuckende, schwefelgelbe Blitze erhellt.

Als es endlich dämmerte, waren wir am Ziel. Theodore brachte mich in seinen Wanderzirkus, in dem ich bald die Sensation für die Besucher sein sollte. Er zähmte mich, wie ein kleines, wildes Tier und er verstand es sehr gut, meine Liebe zu ihm zu wecken. Mit jedem Tag wurde meine Sehnsucht größer nach diesen wenigen gemeinsamen Stunden, die er mir schenkte, in denen ich meinen kleinen haarigen Körper an seine breite Brust schmiegte, seinem Atem und dem pochenden Schlag seines Herzens lauschte und eins mit ihm wurde.

Die einzige Gegenleistung, die er dafür verlangte, war, dass ich mich den Menschen, die Abend für Abend den Zirkus besuchten, präsentierte. Und sie kamen in Scharen, diese Menschen. Sie kamen an jedem Ort, an dem wir gastierten und sie kamen aus allen Gesellschaftsschichten. Junge und Alte, Männer und Frauen, Kinder und Greise. Gut gekleidete Menschen in Frack und Zylinder und Menschen, denen man ansah, dass Not und Arbeit ihnen kaum genug Zeit zum Leben ließ, die aber dennoch ein einziges Mal in ihrem Leben diese grauenerregenden Wesen aus einer anderen Welt sehen wollten. Bestien, wilde Tiere aus den tiefen Urwäldern dieser Erde, Ziegen mit fünf Beinen, Kälber mit zwei Köpfen, Skelette von Einhörnern und Meerjungfrauen, Mumien und Schrumpfköpfe, Damen ohne Unterleib, bärtige Ladys und siamesische Zwillinge, Indianer, Neger und Kanaken mit schwarzen Gesichtern, die gefährlich mit den Augen rollten und ihre gewaltigen Zähne fletschten, verwachsene, entstellte Kreaturen und mich: die Affenfrau – die hässlichste Frau der Welt.

Ich weiß, was die anderen sagen hier im Zirkus, ich höre ihr Getuschel hinter meinem Rücken jedes Mal nach meinem Auftritt auf dem Weg vom Zelt zurück in meinen Wohnwagen. Sie sagen, ihn interessiere nur das Geld, das er mit mir verdiene. Nur deshalb behandle er mich gut, damit ich lange bei ihm bliebe. Aber sie sind neidisch, bösartig und eifersüchtig. Es ist infam. Theodore hat mir alles beigebracht und alles gegeben, was ich heute bin und habe. Erst durch ihn lernte ich lesen und schreiben, singen und tanzen. Erst durch ihn bekam ich eine Seele und wurde ein Mensch.

Seit mich diese schrecklichen Asthmaanfälle quälen, hat er dafür gesorgt, dass ich den wärmsten und schönsten Wohnwagen bekam. Er selbst deckt mich eigenhändig Abend für Abend zu, wartet, bis mein Atem sich wieder beruhigt hat und streichelt mich, wie eine junge Katze, in den Schlaf.

Wie sehr liebe ich diese stillen Stunden hier in meinem weichen Bett, wenn ich das Farbenspiel der untergehenden Sonne beobachte, die tanzenden Lichter, die sie auf den Schleier des kleinen Vorhanges am Fenster meines Wohnwagens zeichnet. Was kümmern mich Schmerz und Demütigungen, wenn ich nur dieses Leben habe, mit ihm und für ihn. Ich will und werde alles für ihn tun, was immer er von mir verlangt.

Ich bedauere es zutiefst, dass es mir nun doch nicht gelungen ist, seinen größten Wunsch nach einem gemeinsamen Kind zu erfüllen. Oh ja, natürlich schmerzt es mich auch als Mutter, dieses kleine Wesen verloren zu haben, nur wenige Stunden nach seinem ersten Atemzug. Gott hat es wieder zu sich geholt und ich weiß, dass er auch mich bald rufen wird. Ich trauere nicht um dieses Leben, schon gar nicht um diesen Körper, der, obwohl so klein, mir so viel Last und Bürde bedeutet. Oh nein. Ich möchte nur solange atmen, bis ich meinem Liebsten ein Kind in seine starken Arme legen kann als mein Vermächtnis. Aber noch bin ich zu schwach. Die Geburt war schwer. Wer weiß, vielleicht in einem Jahr. Ich brauche nur etwas Ruhe. Muss wieder zu Kräften kommen und dann, ach Liebster, ich verspreche dir, dann ...

Theo arbeitet jetzt ohnehin an einer neuen Attraktion hier im Zirkus. Er will den Menschen etwas Neues präsentieren. Etwas nie Gesehenes: Wesen aus der ewigen Kälte. Sie sind bereits auf dem Weg zu uns: Pinguine vom Südpol, dem kältesten Kontinent der Erde und Robben und Eisbären aus der Arktis, dem Land unter dem Sternbild der Großen Bärin. Wie gerne hätte ich es auch einmal gesehen. Unzählige Menschen werden kommen, um diese Geschöpfe zu bestaunen.

Ach, wie sehr ich es liebe, wenn Theo mir von seinen Träumen erzählt, von seinen Wünschen und Hoffnungen. Und ich – ich werde wieder stark sein, um ihm seinen größten zu erfüllen. Für ihn werde ich kämpfen und alles ertragen. Ich weiß, er duldet keine Langeweile und keinen Stillstand.

Aber jetzt muss ich ein wenig ausruhen ... schlafen. Ich bin sehr müde, mein Körper schmerzt so sehr und meine Lider sind schwer. Aber woher kommt plötzlich dieses Licht? Diese Helligkeit, dieser Schein – woher kommt er? Wer ist da? Ein Engel aus himmlischen Gefilden, der gekommen ist, um mich ins Paradies zu führen, dorthin, wo auch ich meinen Frieden finde? Und jetzt hebt er die Hand, als wolle er mir winken. Oh ja! Ich werde kommen, bald, sehr bald schon – aber erst ein wenig schlafen, nur schlafen ...

Die an Hypertrichose (Überbehaarung) leidende Julia Pastrana wurde 1834 in Mexiko geboren. Ihre Mutter verkaufte sie an Theodore Lent, den Impresario eines Kuriositätenkabinetts und Wanderzirkus, der das 1,38 m große Mädchen als »Affenfrau« bzw. »Hässlichste Frau der Welt« in Amerika, Europa und Asien präsentierte. Julia lernte drei Sprachen, konnte singen und tanzen.

Im Alter von 26 Jahren, am 20. März 1860 gebar sie während einer Tournee in Moskau ein Mädchen, das ebenfalls an Hypertrichose erkrankt war. Wenige Stunden nach der Geburt verstarb das Kind. Sechs Tage später – an den Folgen der Geburt – auch Julia Pastrana.
Theodore Lent überließ beide Leichen Professor Sokoloff von der Moskauer Universität, der sie einbalsamierte. Anschließend erwarb Lent die mumifizierten Leichen wieder zurück und stellte sie weiterhin als Attraktionen in seinem Zirkus zur Schau. Julia in einem ihrer Kostüme, das Baby neben ihr auf einem Gestell, wie ein Papagei.
1863 erwarb Lent in der Nähe von Karlsbad erneut eine an Hypertrichose leidende Frau, die er als Julias Schwester ausgab. Er heiratete sie und zeugte mit ihr ein Kind. Nach seinem Konkurs im Jahre 1877 – er betrieb bis dahin einen schwimmenden Zirkus auf dem Rhein – verkaufte Lent die beiden Präparate von Julia und ihrer Tochter an Hermann Präuscher, einem Schausteller auf dem Wiener Prater.
Unbelegten Quellen zufolge soll Lent später den Verstand verloren und in Russland in eine Anstalt für psychisch Kranke eingewiesen worden sein.
Die Mumien Pastranas und ihrer Tochter wurden im Jahre 1921 von dem Norweger Haakon Lund erworben, der sie ebenfalls in einer Wanderschau präsentierte. 1943 wurden sie durch die deutschen Besatzer beschlagnahmt und nach ihrer Rückgabe bei Ende des Krieges erneut in Norwegen ausgestellt.

Erst im Jahre 1970 erließ die norwegische Regierung ein Verbot und untersagte jegliche öffentliche Präsentation. Damit war die Odyssee Julias und ihres Kindes jedoch noch nicht beendet. Nachdem sie 1979 gestohlen und wieder aufgefunden wurden, benutzte man die Mumien an der Universität von Oslo für Forschungs- und Ausbildungszwecke.

Erst nach mehreren öffentlichen Protesten wurden die noch verbleibenden sterblichen Überreste Julia Pastranas in ihre Heimat Mexiko überführt, um dort endlich – 153 Jahre nach ihrem Tod – bestattet zu werden.

10. Good morning heartache

Grau und düster war dieser Wintermorgen und es schien gerade so, als könne der Tag sich nicht entschließen, zu beginnen. Dichte Nebelschwaden hatten die Landschaft verschluckt, nur die beiden hohen Tannen auf der gegenüberliegenden Straßenseite waren schemenhaft zu erkennen. Starr und spitz ragten sie in den Himmel hinauf. Der Spielplatz unten vor dem Haus lag still und verlassen. Noch war kein Lärmen und Lachen der Kinder zu hören. Nur das monotone Quietschen einer Schaukel, die trostlos im Wind hin und her schwang.

Bald würden sich in der gesamten Wohnanlage die weiten, gläsernen Haustüren öffnen und die schon morgens durch Arbeitsdruck und Alltagsstress geduldlosen Mütter würden ihre Kinder dazu antreiben, in Autos oder Busse zu steigen, um schnell und ohne unnötigen Zeitverlust in ihre Schulen und Kindergärten zu kommen.

Sie saß, wie jeden Tag, seit man sie – mehr oder weniger gezwungenermaßen – in Frührente geschickt hatte, an ihrem abgenutzten, alten Holztisch in ihrer kleinen Küche, während aus dem billigen CD-Player, den sie sich im letzten Vorweihnachtsangebot beim Discounter geleistet hatte, die Stimme Billie Holidays erklang:

»Good morning heartache
Here we go again ...«

Oh ja, »here we go again« – es ging wieder los. Wieder und wieder. Und diese Stimme, Billies Stimme, voller Schmerz und Brüchigkeit, konnte singen von diesem Blues, der immer wiederkehrt. Von Kummer, schwer und düster, als untrennbarer und immerwährender Begleiter, der einen nicht mehr loslässt. Nicht so jemanden wie sie. Sie gehörte nicht zu den Glücklichen, die die Vergangenheit abschütteln konnten. Sie nicht und Billie auch nicht. Die Sängerin hatte der Blues am Ende zerstört. Aber ihre Stimme konnte noch immer eine Sucht auslösen, nach dieser bittersüßen Schwere des Seins. Sie gab einem das Gefühl, als wäre Schmerz ein geradezu paradiesischer Zustand. Die Faszination der Düsternis. Genau deshalb liebte sie diesen Song so sehr. Auch ihr Leben folgte dem Blues, tagein, tagaus. Und am Ende würde er auch ihre gesamte Existenz vernichten.

Gewiss, sie hatte versucht – mehr als einmal – sich ein normales Leben aufzubauen. Aber ‚normal‘, was war das schon? Wenn es das gab, dieses ‚Normale‘, dann hatte sie es nie geschafft. Zwei gescheiterte Ehen, unzählige Beziehungen, keine Kinder. Sie hatte nie welche gewollt. Was hätte sie einem Kind mit auf den Lebensweg geben können? Dass es mit den gleichen Ängsten leben musste, den gleichen Schmerzen und der gleichen, nie endenden Pein der immer wiederkehrenden Gedanken? Dass es auch diesen unsichtbaren Makel und die gleiche Last zu tragen hätte?

Sicherlich hätte sie sich für eine Tochter oder einen Sohn gewünscht, dass sie es einmal besser haben sollten.

»Besser haben«, genau das hatten ihre eigenen Eltern doch auch für sie gewollt. »Du sollst es einmal besser haben!« Dieser Satz begleitete sie ihre ganze Kindheit hindurch, hatte sich eingebrannt in ihr Hirn und schien wie ein Fluch auf ihr zu lasten. *»Besser haben«*, das war wie ein Auftrag, den sie nie erfüllen konnte.

Gewiss, sie hatte es geschafft, ihre Herkunft hinter sich zu lassen. Sie hatte ein abgeschlossenes Studium, sogar mit Stipendien an renommierten Auslandsuniversitäten, mehrere Berufsabschlüsse, auf die man stolz sein konnte. Es gab so viele Chancen und so viele

Hoffnungen und dennoch hatte dieses Empfinden, ‚nichts wert zu sein', es ‚nicht verdient' zu haben, ihr ganzes Leben überschattet. Der Makel ihrer Vergangenheit hatte sie nie losgelassen und hatte sie am Ende in Armut und Einsamkeit getrieben. Er hatte sie all die Jahre begleitet, gequält und bis in ihre Träume verfolgt. Sie war immer und überall eine Außenseiterin. Immer wieder stieg es in ihr auf, dieses brennende Gefühl der Scham, des Nicht-Dazugehörens und es schien ihr, als würde sie ihre Herkunft wie ein Kainsmal auf ihrer Stirn tragen, das andere sogleich wahrnahmen, ohne ein Wort und ohne eine Regung von ihr, so sehr sie sich auch bemühte, sie zu verheimlichen. Eingebrannt und unauslöschlich.

Ihre Erinnerungen wanderten – wie so oft – zurück in ihre Kindheit. Ungefragt stiegen die Bilder in ihr auf. Und sie sah es wieder vor sich, dieses Leben in den Baracken, draußen am Rande der Stadt. Dort, wo die Gescheiterten lebten, die Ausgemusterten, die, die ganz unten angekommen waren und denen es niemals gelungen war, auch nur eine höhere Sprosse der Lebensleiter zu erklimmen. Die man später so schön ‚disfunktionale Familien' nannte. Welch grosses Wort für so viel Dreck und Unrat. Damals sprach man bei den Behörden vom ‚Behelfsheim', wenn man diese schäbigen, ebenerdigen Bauten meinte. Kleine 1-2-Zimmer-Wohnungen mit Gemeinschaftstoiletten auf den Fluren. Nicht selten lebten Familien mit fünf oder mehr Kindern in diesen Unterkünften. Für die Leute war es nichts anderes, als das ‚Obdachlosenasyl', in dem all diejenigen zusammenfanden, die am

Leben gescheitert waren und es zu nichts gebracht hatten. Schmutz und Elend herrschte dort und damit wollte man nichts zu tun haben. Einmal Gosse, immer Gosse. Nie würde sie den Blick ihrer Mutter vergessen, so voller Scham, Tränen, die in ihren Augen schwammen, als sie damals aus dem kleinen LKW stiegen, der sie alle zusammen mit ihrer Habe hierher gebracht hatte. Sie hatten ihre bisherige Wohnung am Stadtrand verloren, dort, wo die ‚besseren' Leute wohnten, nachdem der Vater das Haus, in dem sie sich befand, fast im Alleingang und in jeder freien Minute renoviert und aufgebaut hatte. ‚Freundschaftliche Mithilfe', so nannten es die Vermieter. Solange das Haus eine Baustelle war und es für den Vater genug zu tun gab, lebten sie zu einem bezahlbaren Mietpreis in der Wohnung im Untergeschoss. Zwei Zimmer, Küche, Waschküche und Toilette. ‚Eigenbedarf' lautete dann plötzlich die Begründung für die Kündigung, als alles fertig gestellt war. Das genügte in der damaligen Zeit – es gab keinen Mieterschutz. Niemand, der sich für sie einsetzen wollte und konnte. Kurze Zeit später verlor der Vater aus gesundheitlichen Gründen auch noch die Arbeit. Frührente – das war das Tor zu Armut und Außenseitertum. Obwohl sie wusste, dass er keine Schuld daran trug, hatte Mutter es ihm nie verziehen, dass er die Familie nicht mehr ernähren konnte und sie selbst Schichtdienst in der alten Hutfabrik übernehmen musste.

»Du sagst keinem, dass wir hier wohnen! Hörst du? Niemandem!«, bleute sie ihr tagtäglich ein und dieser Satz wurde fast zu einem ständigen Mantra:

»Sag niemandem etwas davon ...« Ihr Leben lang war sie das Gefühl nicht losgeworden, etwas verschweigen zu müssen, hatte sich immer gefragt, ob sie nicht vorsichtiger sein müsse, in dem, was sie über sich selbst erzählte und was andere wohl von ihr denken mochten.

Nein, sie hatte niemandem etwas erzählt. Aber dennoch konnte sie es gar nicht verheimlichen. Jeder wusste, woher sie kam und Lehrer wie Schüler ließen sie spüren, dass sie nicht willkommen war. Sie war eines jener Mädchen, die nie zu Geburtstagen oder Ausflügen eingeladen wurden. Sie war das, was man ‚schlechten Umgang' nannte. Mütter verboten ihren Töchtern den Kontakt mit so einer wie ihr. So einfach war das.

Im Behelfsheim sollten Familien untergebracht werden, die vorübergehend keine Wohnung hatten. In Wirklichkeit war es aber so, dass die Menschen, die dort lebten, meist auch für immer zum Bleiben verurteilt waren. Nur die Wenigsten zogen nach einigen Monaten wieder weiter, weil sie eine andere Unterkunft und damit ein besseres Leben gefunden hatten.

Versoffene Männer und liederliche Frauen hausten dort. Sie wusste schon früh, was ‚liederlich' bedeutete, ohne jemals danach fragen zu müssen. ‚Liederlich', das war die Mutter mit den fünf Kindern, die von ihrem Mann verlassen wurde und nun ihre magere Sozialhilfe aufbesserte, indem sie sich für paar Münzen draußen auf dem LKW-Parkplatz an rumänische oder griechische Fernfahrer verkaufte, die dort ihre Nächte verbrachten. ‚Liederlich' und verdorben waren auch die jungen Mädchen, die aus Sehnsucht nach Zugehörigkeit, zu keinem noch so geschmacklosen Scherz der Jungen »Nein« sagten und für ein wenig Zuwendung und Aufmerksamkeit zu allem bereit waren.

Rosl Tauberer war so eine. Sie trug schon mit 12 Jahren einen Büstenhalter, der zu mehr als der Hälfte mit Watte und Tempotaschentüchern ausgestopft war. Der künstliche Busen wogte und hüpfte unübersehbar bei jedem ihrer Schritte, was die angetrunkenen Männer, mit ihren Bierflaschen in den Händen, die auf der alten Bank vor dem kleinen Kiosk saßen, jedes Mal, wenn sie vorüber ging, zu Pfiffen und anzüglichen Bemerkungen hinreißen ließ. Rosl hielt dies für Komplimente und lächelte stolz.

Wenn sie heimkam, setzte es nahezu täglich Prügel – erst von der Mutter, später dann noch vom Vater, der nicht einmal ihrer war. Im Grunde war er immer müde, wenn er von seiner Arbeit heimkam und sehnte sich nur noch nach Ruhe. Ein paar gezielt ausgeteilte Faustschläge verschafften ihm diese in der Regel am schnellsten. Dann verstummte das sirenenartige Gekeife seiner Frau und er konnte sich endlich dem Fernsehprogramm und seiner wohl verdienten Flasche Bier widmen. Rosl trug am nächsten Morgen ihre große, billige Sonnenbrille mit der Haltung eines Hollywoodstars.

‚Liederlich', das war auch das unzertrennliche Mutter-Tochter-Duo, das im Nebenhaus wohnte. Resa und Sissy Braunecker. Die beiden waren schwere Alkoholikerinnen, was in der damaligen Zeit und an diesem Ort nicht als Krankheit galt, sondern als Charakterschwäche – zumindest bei Frauen. Bei Männern fanden sich für Trunksucht immer noch einige Entschuldigungen: nörgelnde Ehefrauen, zu viele Kinder, zu schwere Arbeit, gar keine Arbeit.

Tagsüber sah man die Frauen so gut wie nie. Zumindest nicht Resa, die Mutter. Sie schien die Wohnung seit Jahren nicht verlassen zu haben. Auch 20 Jahre nach dem Krieg fürchtete sie sich noch immer vor den Russen. Was immer sich damals auf ihrer Flucht aus Schlesien zugetragen haben mochte und worüber die Erwachsenen nur hinter vorgehaltener Hand tuschelten, es hatte wohl ihren Verstand verdüstert. Die Vorhänge an den Fenstern blieben bis spätnachmittags geschlossen. Gegen fünf Uhr jedoch öffnete sich die Wohnungstüre und Sissy kam heraus. In der Hand einen übervollen Nachttopf, den sie am Ende des Ganges in die Gemeinschaftstoilette leerte. Der Gestank, der sich dabei im ganzen Haus verbreitete, war unerträglich und jeder vermied es, so gut er konnte, um diese Zeit über den Flur zu gehen. Sissy erledigte auch ab und an den Einkauf drüben im kleinen Kramerladen. Stumm, mit hochgezogenen Schultern, reichte sie dort eine Geldbörse mit einer zusammengefalteten Einkaufsliste über den Tresen. Kurze Zeit später huschte sie, eingehüllt in ihren viel zu großen, hellbeigen Trenchcoat, dessen Weite und Flatterigkeit ihr das Aussehen eines aufgescheuchten Huhnes verlieh, den Blick fest nach unten gerichtet, mit zwei schweren Einkaufstüten wieder zurück. Schnell wie ein Wiesel lief sie diesen Weg und dabei schlug sie Haken, damit keiner der Steine, die die spielenden Kinder nach ihr warfen, sie treffen konnte. Nachts aber schien Leben einzukehren in diese kleine 1 ½-Zimmer-Wohnung. Stunde um Stunde hörten die beiden Musik – Wiener-Walzer-Klänge und alte Operetten. So lange, bis sich wieder jemand von den anderen Bewohnern lauthals »Ruhe« ausbot. Dann wurde es wieder still. Zumindest für eine kurze Zeit. Bis es wieder weiterging im 3/4-Takt bis in den frühen Morgen.

Aber es gab auch andere Bewohner, solche, die nicht ‚liederlich' waren und deren Leben dennoch irgendwie und irgendwann aus den Fugen geraten war.

Frau Swoboda aus Nummer 4, deren Kind als Zweijähriges im kleinen Bächlein, das drüben durch den angrenzenden Stadtwald floss, ertrunken war. Es ging ganz schnell. Sie hatte sich nur eben mit der Nachbarin unterhalten, für die Länge einer Zigarette nicht aufgepasst, und schon war es geschehen. Wenige Wochen später legte Frau Swoboda sich auf die Gleise des hinter dem Haus vorbeirauschenden Zuges. Auch das ging ganz schnell.

Auch Jonas, von dem niemand einen Nachnamen kannte, schied durch eigene Hand aus dem Leben. Hatte sein Elend wohl auch nicht mehr ausgehalten. Jonas lebte in Nummer 6. Man sah ihn immer in einem schmuddeligen, ausgeleierten Feinrippunterhemd und einer grauen Stoffhose, deren Bund unter seinen Bauch rutschte, was er durch ständiges Ziehen und Zerren zu verhindern suchte. Mehrmals in der Woche bekam Jonas Besuch von jungen Männern. »Verwandte«, wie er immer sagte. Diese Verwandten blieben kurze Zeit, dann verschwanden sie wieder. An ihrer Stelle tauchten neue Verwandte auf. Eines Tages nahm Jonas einen Untermieter in seine Einzimmerwohnung auf. Einen Schwarzen. In der Wohnsiedlung war man Menschen unterschiedlichster Herkunft gewöhnt. Aber ein Schwarzer? »Vor dem muss man sich in Acht nehmen! Dass du mir ja nicht mit dem Neger sprichst!«, sagte ihre Mutter und achtete von nun an immer besonders gut darauf, dass die Wohnungstür verschlossen war.

Wenn Jonas seine nachmittäglichen Verwandtenbesuche erhielt, musste der ‚Neger' das Zimmer verlassen – samt seinen Habseligkeiten, die sich ohnehin nur auf eine kleine Reisetasche beschränkten. Dann stand er draußen vor der Türe, die Tasche neben sich auf den Boden gestellt, und wartete, still, nahezu unbeweglich, bis er wieder Einlass fand.

An einem bitterkalten Wintertag, an dem es ohne Unterlass über Stunden hinweg dicke, weiße Flocken schneite, sodass man kaum die Hand vor Augen sehen konnte, ließ sich ihre Mutter zu einem – wie sie damals fand – fast selbstlosen Akt der Menschlichkeit hinreißen: Sie bat den ‚Neger' in ihre Wohnung, um dort zu warten, und bot ihm sogar ein Glas Bier an. »Man kann doch auch so jemanden nicht bei diesem

Wetter draußen stehen lassen«, sagte Mutter, nachdem er seine kleine Tasche wieder zu Jonas getragen und sie das Glas in den Müll geworfen hatte.

Später erkannte sie, dass wohl auch Jonas zu den Liederlichen des Hauses gehörte. Auch wenn er keine Frau war und sie immer noch dachte, dieses Attribut bliebe ausschließlich dem weiblichen Geschlecht vorbehalten. Irgendwann hatte jemand mit roter Lackfarbe »Schwule Sau« auf seine Wohnungstüre geschrieben. Jonas versuchte gar nicht erst, die Schmiererei abzubekommen. Aber zwei Tage später fanden ihn die Kinder draußen im Wald an einer Birke hängend. Sie hatte den Anblick nie vergessen: Sein unförmiger Körper in diesem fleckigen Unterhemd im Wind baumelnd. Ein Schuh war vom Fuß gerutscht und ein Zeh mit einem dicken, gekrümmten, ockergelben Nagel hatte sich durch ein Loch in seinem Socken gebohrt. Im ersten Augenblick erschien ihr das Ganze irgendwie seltsam absurd, so komisch, dass sie fast hätte lachen müssen, bis ihr Blick auf das dunkelblau verfärbte Gesicht des Toten fiel.

Was war es am Ende gewesen, das ihre Seele zerbrechen ließ? War es dieses eine Ereignis, von dem sie immer versucht hatte, es zu vergessen? Oder war es die Summe all dieser Schrecklichkeiten? Dieses Gefühl, immer etwas verheimlichen zu müssen? Sie wusste es nicht zu sagen. Sie wusste nur, dass es so war. Dass sie es nie geschafft hatte, es »besser zu haben«.

Der Tag, an dem sie auf das Gymnasium wechselte, war der Tag, auf den sie – und auch ihre Eltern – alle Hoffnungen gesetzt hatten. Jetzt endlich schien sich für sie eine Tür zu öffnen, zu einer neuen, besseren Welt.

Aber natürlich war es so, dass es sich auch auf der neuen Schule sehr schnell herumsprach, woher sie kam. Dass ihre selbstgenähte Kleidung nicht Ausdruck eines besonderen Styles war, sondern nur der permanenten Geldnot ihres Elternhauses geschuldet. Gerade sich anbahnende Freundschaften wurden schnell gekündigt und sie gewöhnte sich wieder daran, alleine auf dem Pausenhof zu stehen. Mit Beginn ihres Studiums jedoch schienen sich die Dinge zu ändern. Endlich von zu Hause fort. Endlich ein eigenes, kleines Zimmer in einer großen Stadt, in der niemand fragte, woher sie kam. Jedoch ihr Misstrauen anderen gegenüber blieb. Sie hielt sich zurück, ging nur selten auf die fast täglich stattfindenden Studentenfeten und wenn doch, fühlte sie sich wie ein Fremdkörper, eine Außerirdische. Sie war fleißig und ehrgeizig und im Grunde verbrachte sie ihre gesamte Jugend damit, niemals ‚liederlich' zu sein. Das schien ihr – bei allen anderen Makeln – der größte und schwerste zu sein. Allein schon deshalb ließ sie jeden Joint, den ihre Kommilitonen teilten, vorüberziehen und trank niemals auch nur einen Tropfen Alkohol. Nur nicht die Kontrolle verlieren.

So war und blieb sie anständig, bis zu jenem Tag, an dem sie – ob sie es nun wollte oder nicht – doch zu einem liederlichen Weib wurde.

Wie oft hatte sie sich später gefragt, was sie hätte anders machen sollen. Einen anderen Weg, zu einer anderen Zeit? Warum war sie überhaupt an diesem Wochenende nach Hause gekommen? Hatte sie Signale ausgesandt? Hatte sie gelockt oder provoziert?

Je mehr sie darüber nachdachte, umso größer und dunkler wurde dieses Loch in ihrer Erinnerung.

Unzählige Psychologen hatten sich daran versucht, dass sie diese quälende Pein endlich verlor. Sie hatte Heerscharen von Therapeuten beschäftigt, Wahrsager und Medien, hatte Bäume umarmt, ihre Aura mit Adlerfedern reinigen lassen, war in vergangene Leben gereist und hatte in einer Gruppe von Frauen mittels kleiner Handspiegel ihre Vagina betrachtet, um sich mit ihrer verloren gegangenen Weiblichkeit auszusöhnen.

Aber am Ende blieben immer nur noch größere Gefühle der Scham und der Schuld zurück. Warum hatte sie es nicht geschafft, sich gegen ihn zu wehren? Sie hätte schreien können, um sich schlagen, kratzen, treten, beißen. Aber nichts von alledem hatte sie getan. Wie ein Schaf auf der Schlachtbank lag sie, steif und starr vor Entsetzen und ließ es zu, dass er ihr Gewalt antat.

An den eigentlichen Akt der Vergewaltigung konnte sie sich gar nicht mehr erinnern. Ihr Bewusstsein hatte dies ausgeblendet. So oft sie darüber nachdachte oder die Erinnerungen auftauchten, sah sie ihn immer nur vor sich stehen: Alex, der Junge aus Baracke Nr. 3, groß und kräftig, weißblondes Haar und unzählige Aknenarben im Gesicht. Er war ein Leader, ein Bad Boy, von allen bewundert. Er ging keiner Schlägerei aus dem Wege und hatte für sein Alter schon ein beachtliches Vorstrafenregister. Als vaterloses Kind wurde er eines Tages von seiner Mutter, die bei ihrem neuen Freund in der Stadt lebte, an die Großmutter abgegeben, die mit ihm hoffnungslos überfordert war. Sie kannte seinen Ruf und wusste, dass man sich – gerade als Mädchen – vor ihm in acht nehmen musste. Deshalb ging sie ihm aus dem Weg, so gut sie konnte. An diesem Tag aber hatte sie ihn erst bemerkt, als er schon direkt hinter ihr stand. Dann ging alles so schnell. Sie spürte noch seinen Griff und wie sie hart auf den Boden aufschlug. Der Schmerz lähmte sie, raubte ihr den Atem. Und schon war er über ihr. Alles andere lag im Dunkel. Das Einzige, was sich in ihr Gedächtnis eingebrannt hatte, waren die Rufe seiner Begleiter, die ihn johlend und klatschend anfeuerten. »Gib's ihr Alex! Zeig's ihr, dieser Schlampe!« Und dann dieses Lachen, dieses gemeine, schrille Lachen. Jahre später noch rannte sie völlig verstört aus Cafes und Bars, wenn von irgendwo her ein lautes Männerlachen zu hören war.

Irgendwann war es vorüber. Der Druck auf ihrem Körper war weg. Er stand wieder über ihr, im gleißenden Sonnenlicht, das einen leuchtenden Strahlenkranz um sein weißblondes Haupt rankte. Wie ein griechischer Gott, dieser Gedanke durchfuhr sie. Er schloss, ohne jede Hast, seine Hose, blickte noch einmal verächtlich zu ihr hinab, ehe er sie anspuckte und sagte: »Du hältst dein Maul!«

Er war mit seiner Clique, die ihn schulterklopfend umringte, längst verschwunden, als sie endlich wieder die Kraft fand, aufzustehen. Notdürftig richtete sie ihre zerrissene Kleidung und schleppte sich nach Hause. »Nur von niemanden gesehen werden«, war ihr einziger Gedanke.

Es gelang ihr tatsächlich, ungesehen zurück in die Wohnung zu kommen. Zum Glück war niemand zu Hause. Nachdem sie sich gewaschen und die schmutzige Wäsche entsorgt hatte, kamen die Schmerzen. Ihr Körper brannte wie eine einzige Wunde, ihre Beine, die Rippen, sie konnte kaum atmen. Dennoch wagte sie es nicht, über das Geschehene zu sprechen. Sie fühlte sich wie in Trance, nicht in der Lage, einen klaren Gedanken zu fassen oder sich jemandem anzuvertrauen.

Erst nach Wochen der quälenden Selbstvorwürfe und der Angst davor, schwanger zu sein, kam der Moment, in dem sie ihrer Mutter alles erzählte. Sie sehnte sich so sehr nach ein wenig Trost, nach Verständnis und vor allem danach, dass irgendjemand ihr half, sich gegen dieses erlittene Unrecht zu wehren. Die Ohrfeige, die sie bekam, schmerzte am Ende mehr, als die Prellungen und Abschürfungen an ihrem Körper.

»Hab ich dich nicht immer gewarnt! Hab ich dir

nicht immer gesagt, du sollst dich nicht so aufreizend anziehen! Du glaubst doch nicht im Ernst, dass wir den Kerl anzeigen können? Was denkst du, würden die Leute sagen?«

Die Worte ihrer Mutter hallten in ihren Ohren – auch nach all diesen Jahren noch.

Von diesem Moment an wollte sie nur noch weg. Wenige Tage später packte sie ihren Rucksack. Sie kam nie wieder zurück und sie wusste nicht zu sagen, ob aus Wut oder Scham. Es kümmerte sie nicht mehr, was aus ihren Eltern geworden war. Berufliche Erfolge halfen ihr zunächst, sich über Wasser zu halten, und sie halfen ihr auch über die Einsamkeit und den Kummer hinweg. Zumindest eine Weile.

So lange, bis er wieder kam der Blues – und er kam immer wieder – nach jeder gescheiterten Beziehung, nach jedem gekündigten Job, an jedem neuen Ort ...

»Good Morning Heartache
Sit down ...«

11. Der Bub

Leni reckte sich auf ihre Zehenspitzen, um in den Käfig mit den beiden Zierfinken zu sehen, der von dem hohen, glänzenden Messingständer herabhing. Wie schön sie doch waren, diese kleinen putzigen Tierchen, mit ihrem bunten Gefieder, wie sie anmutig und artig mit den Köpfchen nickten, um die Körner zu picken, die Frau Navrat auf den Käfigboden streute.

Das Mädchen kam fast jeden Nachmittag in diese kleine Wohnung im Nachbarhaus, obwohl die Luft hier stickig war und die enge Küche vollgestellt mit alten Möbeln und allerlei Gerümpel. Aber Leni liebte diese beiden Vögel und sie hörte sich die Geschichten an, die Frau Navrat zu erzählen hatte. Nicht, weil sie schön waren. Nein, das waren sie nicht. Die Geschichten aus der Vergangenheit dieser alten Frau handelten von schrecklichen Dingen, von Flucht und Vertreibung, von Krieg und Elend, von Hunger und Tod. Es waren Geschichten, die dem Kind des Nachts Albträume bescherten. Aber Leni hörte zu, still und mit großen Augen, weil sie spürte, dass Frau Navrat sie erzählen musste, weil sie auf ihrer Seele lasteten, wie ein gewaltiger Berg aus Steinen.

Wenn Frau Navrat lange genug von der alten Heimat, dem Krieg und der Flucht erzählt hatte, dann wurde ihre Stimme etwas leichter, verlor diesen brüchigen, rauen Klang und ihre Augen dieses Ängstliche, Schreckgeweitete. Dann lächelte sie. »Sicher«, so sagte sie, machte eine kleine Pause und seufzte dann, »der Anfang hier war nicht leicht. Aber wir haben es geschafft. Haben es allen gezeigt, trotz aller Widerstände, dass wir fleißige und anständige Leute sind. Auch, wenn wir für die Menschen hier immer Fremde blieben. Wir sprachen anders, die Art uns zu kleiden, unser Essen, das nach Knoblauch und Kümmel roch. Wir haben uns angepasst, so gut es ging. Und der liebe Gott hat uns schließlich belohnt für alle Entbehrungen, als er uns den Bub schenkte.«

Leni dachte, der Sohn der Eheleute Navrat hätte gar keinen anderen Namen, als »Bub«. Gewiss, es erschien ihr irgendwie seltsam, aber Frau Navrat hatte niemals einen Namen erwähnt. Es war immer nur »der Bub«, von dem sie sprach. Aber, wenn sie von ihm erzählte, ihrem »Bub«, dann leuchteten ihre hellen, blauen Augen und ihre sonst so bleichen Wangen bekamen einen rosigen Hauch. Dann fingen die schönen Geschichten an. Sie sprach davon, dass der »Bub« zur Welt gekommen war, als niemand mehr damit rechnete, dass die Navrats jemals noch ein Kind bekommen würden. Ein »medizinisches Wunder« sei es gewesen, so sagten die Ärzte. Frau Navrat war nicht mehr die Jüngste und auch durch Herrn Navrats dichtes Haar zogen sich bereits erste graue Strähnen. Die Geburt war schwer. Aber der »Bub« war schließlich ihr ganzes Lebensglück geworden. Er wuchs heran und gedieh prächtig. Fröhlich und voller Lebenslust war er. Was immer der »Bub« anpackte, es gelang. In der Schule, im Sport – er war immer einer der Besten. Die ansässigen Fußballvereine rissen sich geradezu darum, dieses junge Talent in ihren Reihen zu haben. Nach dem Abitur, das er mit Auszeichnung bestand, öffnete ihm die größte Bank am Ort ihre Türen für eine glänzende Karriere. Es schien, als ob der »Bub« spielend all das erreichte, wofür seine Eltern so lange gearbeitet und gedarbt hatten: Zugehörigkeit und Erfolg.

Aber das größte Glück für die kleine Familie Navrat war, dass die einzige Tochter des ortsansässigen Großindustriellen, Klara, sich in den »Bub« verliebte. Und auch ihre Eltern, die sich zunächst eine bessere Partie für ihr Töchterlein gewünscht hätten, schlossen den »Bub« schließlich in ihre Herzen. War die Verlobung schon ein rauschendes Fest – die Hochzeit stellte alles in den Schatten. Gäste aus aller Welt waren zu dem großen Empfang im Garten des Anwesens der Brauteltern geladen. Man pflegte internationale Kontakte. Weißbehandschuhte, livrierte Diener servierten Champagner in geschliffenen Gläsern und kleine, mundgerechte Häppchen mit Austern und schwarzem Kaviar auf silbernen Tabletts. Frau Navrat hatte so etwas noch nicht erlebt. Sie hätte nicht einmal gewagt, davon zu träumen. Und nun war sie mittendrin, als Mutter des Bräutigams, eine Hauptperson. Ein Kostüm hatte sie sich nähen lassen, aus seegrüner Seide, von der besten Schneiderin der Stadt. Und zum ersten Mal in ihrem Leben trug sie einen Hut, einen kleinen, schilffarbenen Hut mit einem Bouquet aus zarten Straussfedern. Gewiss das alles hatte ihr schmales Budget bei Weitem überschritten. Aber sie wollte sich nichts nachsagen lassen, wünschte sich so sehr, dass auch der »Bub« stolz auf seine Eltern sein sollte.

Ihr Herz schlug zum Zerspringen, als sie ihren Sohn in der weißen Hochzeitskutsche sah, die die Brautleute durch die kleine Stadt fuhr. Welch schönes Paar sie doch waren. Die Schwiegertochter sah aus wie eine Prinzessin, mit ihren hochtoupierten, blonden Löckchen, den diamantenen Ohrringen, dem prachtvollen Kleid aus schneeweisser, handgeklöppelter Spitze und neben ihr: der »Bub«. Wie ein Prinz aus einem Märchen, hochgewachsen, dunkles Haar, samtig braune Augen. Der Bürgermeister hatte es sich nicht nehmen lassen, persönlich die Trauung zu vollziehen. Und zum Abschluss des Festes gab es ein Feuerwerk, wie man es in der Stadt noch nicht erlebt hatte. Rote, grüne und blaue Lichter schossen zischend und krachend in den nächtlichen Himmel und begrüßten symbolisch eine glücksverheißende Zukunft.

Tränen rollten über Frau Navrats rote Wangen, als sie Leni von dieser Hochzeit erzählte. Das Kind spürte die tiefe Freude und die Liebe, die diese Frau empfand und deshalb lauschte sie dieser Geschichte, immer wieder und wieder und sie wurde nicht müde davon, auch dann nicht, als sie bereits jedes Wort auswendig kannte.

Ja, Herr und Frau Navrat waren glücklich und stolz. Ihr Leben hatte durch den »Bub« nicht nur endlich wieder einen Sinn bekommen, nein, er hatte sie herausgehoben aus dem Heer bescheidener, kleiner

Menschen, bedeutungsloser Arbeiter, die Tag für Tag in ihre Fabriken gingen, ihre Dienste verrichten wie Roboter, die hofften und abends, heimlich und still, in ihren Betten dafür beteten, dass die Vergangenheit sich nie mehr wiederholen möge. Der »Bub« sollte es einmal besser haben als sie. Durch ihn hatten sie hier nicht mehr nur eine Bleibe, nein, sie hatten eine Heimat gefunden. Sie gehörten endlich dazu. Man grüßte sie, wenn sie durch die Gassen gingen und beim Bäcker und Lebensmittelhändler fragte man Frau Navrat nach ihrem Befinden. Der »Bub« war das goldene Kind, das sie mit all ihren Verlusten, all ihren Schmerzen und all ihrer Trauer aussöhnte. Und ein gütiges Schicksal hatte es so gewollt, dass ihr aller Leben von nun an ein Gutes sein sollte.

Leni erfuhr es am Morgen in der Schule. In der Nacht hatte es einen Unfall gegeben. Kurz vor der Ortseinfahrt an der hohen, unübersichtlichen Kuppe.

Ein Wagen sei aufgrund überhöhter Geschwindigkeit auf die Gegenfahrbahn geraten. Die Insassen des entgegenkommenden Fahrzeugs, ein junges Paar, auf der Rückkehr von seiner Hochzeitsreise, hatten keine Chance. Der Mann verstarb noch am Unfallort, seine Frau lag im Koma. Keiner konnte sagen, was aus ihr werden würde.

Am Tag der Beerdigung regnete es in Strömen. Die ganze Stadt war auf den Beinen. Der gesamte Friedhof war gedeckt mit einem riesigen Dach aus schwarzen Schirmen. Leni erschien es nur gerecht, dass heute auch der Himmel weinte. Sie stand neben ihrer Mutter. Ganz eng hatte sie sich an ihren nassen, dunklen Mantel gedrückt und wagte es kaum hinüberzublicken zu Frau Navrat, die dort zusammengesunken und unbeweglich vor dem offenen Grab stand. Neben ihr, Herr Navrat. Schwarz gekleidet waren sie beide, schwarz wie die Krähen, ihre Gesichter bleich und erstarrt.

Als Leni mit ihrer Mutter die Trauergemeinde verließ, drückte irgendjemand ihr im Vorübergehen ein Sterbebildchen in die Hand. Ein kleines Stück Papier mit einem schwarzen Rand um einen ans Kreuz geschlagenen, dornenbekränzten Jesus. Leni drehte es um und las:

»Günther Navrat - Du warst unser Leben!«

12. Frau Elend

Da saß sie nun und hielt seine Hand, die von Minute zu Minute kälter und kälter wurde. Bleich, durchzogen von schwarz-blauen Adern, die dick und schimmernd, wie Regenwürmer hervortraten, lag sie in ihren Händen. Sie betrachtete die gekrümmten, gelben Nägel, von denen sie immer dachte, sie wären wie die Krallen eines Raubvogels. Wie sehr hatte sie diese Hand gefürchtet, aber auch geliebt – zumindest dachte sie so.

Draußen dämmerte der Morgen. Die ganze Nacht lang war sie hier gesessen, seit er gegen Mitternacht seinen letzten, schweren Atemzug getan hatte. Im Grunde war es sehr rasch gegangen. Ein schneller, leichter Tod. Er war nur wenige Tage krank gewesen. Sie hatte keinen Arzt gerufen, weil er es so wollte. Er wusste, dass es ans Sterben ging, jedoch schien er sich nicht davor zu fürchten. So wie er sich nie in seinem Leben vor etwas gefürchtet hatte.

Jetzt aber würde sie ihn wohl rufen müssen, den Doktor. Irgendjemand musste doch den Totenschein ausstellen. Was musste alles erledigt werden? Die Nachbarn verständigen, den Pfarrer? Ein wenig wollte sie noch warten, ihren Gedanken nachhängen, die jetzt aus dem letzten Dunkel der Nacht herauskrochen, wie schwarze Schatten.

58 Jahre war sie seine Frau gewesen, 58 lange Jahre. Aber war sie glücklich? Sie konnte es nicht

sagen. Sie wusste doch gar nicht, was es hieß, glücklich zu sein. Und, wenn ja, hätte sie es verdient, ein glückliches Leben? War sie ihm denn eine »gute Frau« gewesen?

Sie dachte zurück an ihre Mutter, die sie, seit ihrer Hochzeit nicht mehr gesehen hatte und von der sie nicht einmal wusste wie und wann sie gestorben war. Wie alt war sie wohl geworden und wie mag es ihr ergangen sein? Mutter hatte damals zu ihr gesagt – und es sollte der letzte Satz sein, den sie von ihr zu hören bekam: »Sei ihm eine gute Frau! Die erste Nacht ist schlimm, mein Kind! Aber dann wird es immer besser, solange du ihm eine gute Frau bist!«

Jedoch es war nicht besser geworden. Der schmerzvolle Albtraum ihrer Hochzeitsnacht schien kein Ende zu nehmen. Vielleicht war ihr Schicksal schon besiegelt, als er kam, um sie mit sich zu nehmen, aus der Heimat, der »Buckligen Welt«. Oder seit sie seinen Namen trug: Frau ‚Elend'. Denn nur noch das war sie von diesem Augenblick an: »Frau Elend aus der Buckligen Welt«. Der Name war Symbol. Wenn die Nachbarn von oder über sie sprachen, dann nannten sie sie immer mit diesem Zusatz: »Frau Elend aus der Buckligen Welt«. Es schien wohl auch das Einzige zu sein, was sie wirklich über sie wussten, die Nachbarn, zu denen sie selbst über all die Jahrzehnte keinen oder nur spärlichen Kontakt hatte. Er musste es ihr gar nicht verbieten. Sie wusste, sie gehörte nicht dazu. Sie war und blieb eine Fremde. Eine Frau, wie sie, war Scham und Schande. Mehr brauchte niemand über sie zu wissen. Es genügte, dass die Menschen stumm ihre Blicke abwandten, wenn sie wieder einmal mit verschwollenen, blauen Augenlidern und mit schwarz-grün schimmernden Blutergüssen übersät beim Bäcker stand und das Brot anschreiben ließ, für das einmal mehr kein Geld da war. Es genügte auch, dass die Lehrer schwiegen, wenn die Kinder bleich und mit Striemen auf den Rücken in ihren ausgewaschenen Unterhosen am Sportunterricht teilnehmen mussten, weil sie keine Turnkleidung besaßen, die zu teuer war. Dieses Schweigen drückte so viel aus. Sie wusste, was die Menschen dachten und sprachen – sie war keine von ihnen und sie war – wie auch immer – selbst schuld daran, dass es nicht besser war. Sie war »Frau Elend aus der Buckligen Welt« und es war ihr nicht gelungen, aus ihrem eigenen Leben und dem der ihren etwas zu machen.

Nie wieder in all diesen Jahren, war sie zurück nach Hause gekommen, obwohl er es ihr immer wieder versprochen hatte, in den ersten Jahren zumindest, als sie geweint hatte vor Sehnsucht nach diesen samtig-grünen Bergen und Hügeln der Heimat. Aber im Grunde hatte sie es selbst ja gar nicht gewollt, dass ihre Eltern sehen würden, was aus ihr geworden war. Diese Schande wollte sie ihnen und sich selbst ersparen. Nun waren sie wenigsten in dem Glauben gestorben, ihre einzige Tochter hätte ihr Glück gefunden. Es hätte ihnen die Herzen gebrochen zu wissen, dass all das, was ihr Schwiegersohn damals erzählt hatte, von einem großen Anwesen, weit jenseits der Berge, von Wohlstand und Reichtum, nicht anderes war als Lüge. Nichts hatte er besessen, gar nichts, nur den guten schwarzen Anzug, den er trug, als er um ihre Hand anhielt und der ihn auch noch zur Hochzeit so gut kleidete, die schon wenige Tage später stattfand. Er hatte ihn beim Glücksspiel gewonnen. Und, das musste sie zugeben, er sah blendend darin aus. So gut, dass ihr Vater ihm geglaubt hatte, glauben wollte, dass er seine einzige Tochter auf Händen tragen würde.

»In guten, wie in schlechten Tagen«, hatte der Pfarrer bei der Trauung gesagt und sie hatten beide darauf geschworen. War es Wehleidigkeit, dass sie immer wieder dachte, die guten Tage wären spärlich gesät in ihrem Leben?

Sie wollte ihm eine gute Frau sein, gewiss, aber sie war ungeschickt und unwissend in all den Dingen, die ein Mann sich wünschte. Dabei hatte sie es versucht, immer und immer wieder. Hatte ihm Kinder geboren. Fünf Kinder, von denen am Ende nur drei am Leben blieben. Zwei kleine Mädchen hatte sie zu Grabe getragen, alleine, während er im Wirtshaus Geld vertrank, das er gar nicht besaß. Die Wirtsleute hatten Mitleid mit ihm, mit einem Mann, der gerade seine Kinder verloren hatte, und so schenkten sie ihm immer wieder nach. Vielleicht war es besser so, dass der liebe Gott die Kleinen so früh zu sich geholt hatte. Was hätte die Mädchen schon erwartet? Nein, man sollte darüber gar nicht zu viel nachdenken.

Die Buben waren alle längst erwachsen, weit weg von daheim. Sie wusste nicht einmal, wohin sie gegangen waren. Hatten genug gehabt von der Armut und Kargheit ihrer Kindertage, von den Streitigkeiten, den Schlägen und Demütigungen. Sie hatten sich für ihre Mutter geschämt und es war nur gut und recht, dass sie den Kontakt abgebrochen hatten. Vielleicht konnten sie ihr auch nicht verzeihen, dass sie sich niemals gewehrt hatte, niemals aufbegehrt und niemals widersprochen. Aber wie hätte sie denn sollen? Hatte sie nicht immer gedacht, sich und die Kinder am besten zu schützen, indem sie schwieg?

Nur einmal, ein einziges Mal, hatte sie ihre Stimme erhoben zu einem Schrei, einem schrillen, nicht enden wollenden Schrei, der durch das Haus hinaus auf die Straße gellte, über das ganze Dorf hinweg, wie eine Sirene. Es war an jenem Tag gewesen, an dem sie die Katze fand. Tot und kalt lag sie draußen vor der Türe. Er selbst hatte sie dort hingelegt, damit sie sie gleich sah, wenn sie früh am Morgen nach draußen zu dem hölzernen Toilettenhäuschen ging, das am Ende des Gartens stand. Es schien ihr, als wäre dieses Tier das einzige Wesen in ihrem Leben, das sie geliebt hatte und von dem sie wiedergeliebt wurde. Wie tröstlich schön war es doch, mit den Fingern durch dieses weiche, hellrot gescheckte Fell zu gleiten, das warme, sanfte Atmen dieses kleinen Körpers zu spüren und dem heiseren Schnurren zu lauschen? Sie freute sich jeden Tag darauf, dass es um ihre Beine strich und sich an sie schmiegte. Ein solches Empfinden kannte sie nicht einmal von ihren Kindern. Gewiss, sie hatte sie geliebt. Aber hatte sie jemals das Gefühl gehabt, die Buben würden diese Liebe erwidern? Sie wusste es nicht. Bei der Katze war es anders. Dieses Tier war ein Gottesgeschenk, das ihr der Himmel sandte, um ihr einen Trost zu spenden, in dieser düsteren, einsamen Welt.

Und genau deshalb hatte er es getötet. Er wollte nicht, dass sie diesen Trost bekam. In diesem Moment hätte sie auch ihn töten können, ohne Bedauern und ohne zu zögern. Noch niemals zuvor hatte sie ihn so gehasst, nicht einmal in den Zeiten, als die Mädchen krank geworden und gestorben waren, weil kein Geld da war für Essen und den Arzt, den man so dringend gebraucht hätte. Und auch nicht, als sie alleine draußen mit dem Pfarrer am Friedhof stand und im eisigen Wind seiner Predigt lauschte von einem besseren Leben im Jenseits. Niemals. Aber auch jetzt war das Einzige, das sie tun konnte, schreien. Schreien gegen den Schmerz, die Ohnmacht und die Wut. Und zum ersten und einzigen Mal sah sie Angst in seinen Augen, als sie so vor ihm stand, die tote Katze auf dem Arm, und schrie, solange bis ihr der Atem stockte und die Stimme versagte. Dann holte sie einen Spaten und schaufelte ein Grab unter dem alten Apfelbaum, der schon lange keine Früchte mehr trug.

Fast eine Woche lang war er ihr damals aus dem Weg gegangen.

Von den Nachbarn kam niemand, um nachzusehen, was geschehen war, obwohl sie ihn alle gehört haben mussten, ihren Schrei, der durch alle Gassen und Winkel des Dorfes gehallt war. Aber hysterische Weiber nahm man nicht ernst, so etwas kam schon mal vor. In einem gewissen Alter wurden sie alle ein wenig seltsam, kein Grund, die täglichen Routinen zu unterbrechen.

An diesem Tag dachte sie zum ersten Mal daran, ihrem Leben ein Ende zu setzen. Sie hatte jedoch nicht die Kraft dazu, war zu schwach. Vielleicht fürchtete sie auch die Sünde, wie auch immer. Der Strick, den sie damals nehmen wollte, lag immer noch unter der alten Plastikplane draußen im Schuppen, unter der sie ihn ungenutzt verbarg und wieder zurück in ihre Küche ging.

Jetzt aber war alles vorbei. Jetzt war sie frei – allein, aber frei. Es war kein Leben an seiner Seite – aber gab es überhaupt eines ohne ihn? Was würden die Söhne sagen, wenn sie von seinem Tod erfuhren? Würden sie überhaupt zur Beerdigung des Vaters kommen? Und die Leute? Wäre sie jetzt als Witwe nicht noch viel mehr eine Fremde für sie? »Frau Elend aus der Buckligen Welt«, die niemals dazugehörte, schon gar nicht, nachdem sie ihren Mann ins Grab gebracht hatte.

Draußen war es hell geworden, weiße Nebelschwaden erhoben sich vom Boden und die Vögel begannen zu zwitschern. Wie schön sie doch sangen. Frau Elend bettete die Hand ihres toten Mannes zurück auf die Decke, dann erhob sie sich. Schlurfte gramgebeugt in ihren knöchelhohen, grauen, abgetretenen Filzhausschuhen aus dem Schlafzimmer, durch die Küche hindurch, in der noch das ungewaschene Geschirr im Becken stand. Heute konnte es getrost dort stehen bleiben. Es gab keine Strafe mehr zu befürchten.

Sie ging durch den Flur zur Haustüre, zog mit festem Griff den Riegel zurück und trat hinaus. Es waren nur wenige Schritte bis hinüber zum Schuppen. Als sie sich bückte, die alte Plastikplane anhob und ihre Finger den kalten Hanfstrick berührten, fühlte sie mit einem Mal eine Leichtigkeit, wie noch nie zuvor in ihrem Leben: So also fühlte sich Freiheit an.

13. Herr Müller

Schon längst hatte sich der letzte Atemzug röchelnd aus den verbrauchten Lungen des alten Mannes erhoben. Auf dem Monitor oberhalb des Bettes zeichnete sich keine Herzfrequenz mehr ab. Seit Minuten nichts anderes, als eine gleichmäßig leuchtende, fadendünne, grüne Linie und ein durchgängiger Piepton, der die Stille des Raumes durchbrach. Dennoch zögerte Schwester Hannelore, die immer noch die gelbliche, mit Altersflecken übersäte Hand des Toten hielt, sich zu erheben, um das Überwachungsgerät abzuschalten.

Patienten sterben zu sehen gehörte mehr oder weniger zum Tagesgeschäft, besonders, seit sie hier auf der Intensivstation arbeitete. In der Regel war es der Tod junger Menschen oder Kinder, die aus einem hoffnungsvollen Leben gerissen wurden, der ihr Herz berührte. Das waren die besonderen Fälle, die harten, nach denen man nicht so »mir nichts, dir nichts« zum Alltag übergehen konnte. Aber eigentlich doch nicht das Sterben der Alten, die auf eine gelebte Vergangenheit blicken durften, und oft in diesen letzten Stunden, genau wie ihre Angehörigen, um eine friedvolle Erlösung beteten.

Das einsame Ende dieses Mannes aber hatte Hannelore an ihre psychische Grenze gebracht. Sie wusste es schon, als man ihn einlieferte. Irgendetwas an ihm berührte sie mehr, als gewöhnlich. Er war schon nicht mehr ansprechbar gewesen, hatte nach Auskunft der Rettungssanitäter nach einem Schlaganfall mehrere Tage bewusstlos in seinem Haus gelegen, ehe man ihn fand. In seiner Hilflosigkeit strahlte er so eine tiefe Traurigkeit aus, die ihr das Herz schwer werden ließ. Gab es denn wirklich niemand, der sich um ihn kümmerte? Er musste ein sehr feiner und überaus einsamer Mann gewesen sein. Das spürte sie. Wenn Hannelore sich auf etwas verlassen konnte, dann auf ihre Menschenkenntnis. Sie wusste jeden sofort einzuschätzen – ein Verdienst ihrer langjährigen Berufserfahrung. Sie hatte einfach zu viele Schicksale gesehen.

Nachdem man ihn auf ihre Station gebracht hatte, ging sie immer wieder während des Dienstes in sein Zimmer, verbrachte mehr Zeit bei ihm, als ihr eigentlich erlaubt war, streichelte sanft über seinen Unterarm und sprach zu ihm. Wenn ihr Blick auf diesem alten, faltigen Gesicht lag, wünschte sie sich, sie hätte irgendetwas gewusst über ihn und sein Leben, damit sie ihm aus seiner Vergangenheit hätte erzählen können, von den Menschen, die er einmal geliebt hatte und die auch ihn liebten. Sie hätte ihm so gerne Geschichten vorgelesen oder Lieder gesungen, die ihm aus einer wohligen Erinnerung heraus Geborgenheit und Trost verschafft hätten. Aber das Einzige was sie tun konnte, war, ihm ein wenig mehr Aufmerksamkeit und Wärme zu geben, als den anderen ihr anvertrauten Patienten. Sie stahl sich diese Zeiten aus ihrem streng gefüllten Dienstplan heraus und sie wusste nicht einmal, warum sie es tat. Sie spürte nur ganz tief in ihrem Herzen, dass hier ein guter Mensch vor ihr lag, der ihrer Hilfe bedurfte.

Seit er hier war, hatte Herr Müller niemals Besuch bekommen. Er musste wirklich sehr alleine gewesen sein. Niemand, der nach ihm sah; keiner, der nach ihm fragte. Was war nur los in unserer Gesellschaft? Jeder dachte nur an sich. Die Alten wurden einfach vergessen. Warum können Menschen so grausam und egoistisch sein?

Nun war es vorüber. Er war friedlich eingeschlafen. Ein guter Tod. Wenigstens das, dachte sie, als sie nun aufstand, ihm sanft die Augen schloss und mit fast mechanischen Handgriffen eine Kinnbinde anlegte. Sie sprach ein kurzes Gebet und fuhr ihm noch einmal – gerade so, als wolle sie ihn segnen – über die Stirn, ehe sie ins Schwesternzimmer ging, um die Patientenakte zu suchen.

Viel war darin nicht verzeichnet: Alfons Müller, geb. 28.01.1943, wohnhaft in Nürnberg, Steingasse 112. Nachfolgend einige Diagnosen von Krankheiten, wie sie wohl jeder alte Mensch einmal erleiden würde, sowie ein Name mit Telefonnummer bei »Nächste Angehörige«. Immerhin: Er hatte einen Sohn. Warum nur hatte er sich nie zu Lebzeiten um seinen Vater gekümmert? Eigene Familie, beruflicher Stress? Vermutlich das Übliche. Das eigene Leben ließ keine Zeit mehr für die Eltern. Jeder Besuch wurde aufgeschoben, weil alles andere wichtiger war. Irgendwann war es zu spät. Hannelore erwischte sich dabei, dass sie ihm Schuldgefühle wünschte und tiefes, bohrendes

Bedauern über das Versäumnis, das nun nicht mehr wieder gutzumachen war.

*

Es war fast eine Woche später, als Hannelore draußen auf dem Korridor der Klinik einen fremden Mann stehen sah, der sich suchend umblickte. »Schwester Hannelore?«, fragte er vorsichtig, als sie auf ihn zuging. »Ich bin der Sohn von Herrn Müller«, sprach er weiter, nachdem sie zustimmend nickte. »Sie hatten angerufen, wegen der Sachen meines ähm ... Stiefvaters.«

Hannelore führte ihn nach hinten ins letzte Zimmer der Station, das allgemein als Abstellkammer diente. Blumenvasen waren dort untergebracht, Putzmittel, Eimer und Besen. In einem abschließbaren Schrank befanden sich die wenigen persönlichen Dinge, die von den Verstorbenen zurückgeblieben waren. Alles, was man den Angehörigen nicht sogleich nach dem Ableben mitgegeben hatte, wartete dort auf die Abholung. Auch die wenigen Besitztümer von Herrn Müller, die er bei seiner Einlieferung bei sich hatte, lagen hier. In einer alten, zerschlissenen Plastiktasche von Aldi: Schmutzige Kleidung, eine silberne Armbanduhr, Hörgerät, eine Brille, deren Gläser mit fettigen Schlieren überzogen waren – abgenutzte, unbrauchbare Reste eines armseligen Lebens.

Hannelore betrachtete den Mann, der wortlos die Tüte in Empfang nahm und sich nun wieder anschickte, zu gehen. Er wirkte kühl, völlig desinteressiert. Sie wusste, dass ihr das nicht zustand, dass sie es gar nicht sagen durfte, aber irgendetwas drängte sie geradezu danach: »Warum sind sie denn nicht gekommen, solange ihr Vater noch lebte? Sie waren doch sein einziger Angehöriger. Wussten sie denn gar nicht, wie einsam er war?«

Er hob ein wenig überrascht den Blick, sah sie kurz an und öffnete die Lippen, als wolle er ihr eine Antwort geben. Aber dann wandte er sich wortlos um und ging schnellen Schrittes davon. Hannelore blickte noch eine Weile auf die Stationstür, die sich mit einem leisen, dumpfen Ploppen hinter ihm schloss. Dann war er weg. Ohne Gruß, ohne einen Dank dafür, dass sein Vater hier so eine gute Pflege hatte.

»So sind sie«, dachte sie, »die Kinder von heute. Egoistisch und gleichgültig. Was wäre dabei gewesen, wenn du ihn nur einmal besucht hättest?«. In ihren Augen schwammen Tränen. Ein dicker Kloß steckte in ihrem Hals. Was war nur mit ihr los? Sie war doch sonst nicht so. So kannte sie sich gar nicht. Diese Geschichte wühlte sie mehr auf, als es sein durfte. Sie musste Distanz wahren, das verlangte ihr Job und normalerweise gelang ihr das auch sehr gut.

Hannelore machte sich wieder an ihre Arbeit und versuchte, so gut sie konnte, den Kopf frei zu bekommen. Was ging sie diese Familie an? Es gab genügend Einsamkeit und Elend auf der Welt. Auch in ihrem Leben. Wer kümmerte sich schon um sie? Sie war es doch, die immer für andere da war. Für ihre Patienten, ihre Mutter, die sie jahrelang gepflegt hatte, ihren Mann, der sie für eine Jüngere verließ und für ihre Tochter, für deren Studium sie so hart geschuftet hatte, und die sich jetzt jede Einmischung in ihr Leben verbat, jede Hilfe, jeden noch so gut gemeinten Rat, und nur noch zu Geburtstagen und Weihnachten anrief. Undank ist der Welten Lohn, so war es und so blieb es. So hatte es sicher auch Herr Müller erleben müssen. Bestimmt hatte auch er seinem Sohn viel gegeben und nichts zurückbekommen. Eigentlich war es ein Glück, dass er seine letzten Tage hier in der Klinik verbrachte. So konnte sie ihm wenigstens noch ein bisschen verdiente Wärme und Geborgenheit geben und ihm die letzten Stunden erleichtern. Hannelore fühlte ein leises Gefühl von Stolz, als sie das nächste Patientenzimmer betrat.

*

Endlich Feierabend! Es war ein langer Tag gewesen, wie so oft. Immer öfter hatte Hannelore das Gefühl, dass die viele Arbeit und die endlosen Dienste ihr über den Kopf wuchsen. Zwei Jahre noch bis zur Pensionierung. Irgendwie würde sie die Zeit durchstehen.

Sie stellte den angeschlagenen Porzellanteller mit dem dick belegten Schinkenbrot auf ein Tablett, dazu die Bierflasche und ein Glas von der Anrichte und trug alles zusammen hinüber ins Wohnzimmer, um dort, wie immer, ihr einsames Abendbrot einzunehmen. Mit einem tiefen Seufzer ließ sie sich in den bequemen Polstersessel fallen, schlüpfte aus ihren Pantoffeln und legte die schmerzenden Füße hoch.

Nach dem ersten Bissen angelte sie sich die Fernbedienung vom kleinen Couchtisch und zappte durch die TV-Programme. Eines nach dem anderen. Was für ein Mist doch geboten wurde. Da freute man sich auf die wenigen freien Stunden und musste sich so einen Unsinn ansehen: Zahnpastawerbung, Model- und Gesangswettbewerbe, Kochduelle – einfach unglaublich. Endlich erschien der Regionalsender. Sie hielt inne. »Mal sehen, was so los ist. Ah, Nachrichten – auch nicht besser«, murmelte sie abfällig mit vollem Mund, während sie sich einige Brotkrumen von der Wange wischte. Ehe sie jedoch weiterschalten konnte, erschien das Foto eines Mannes auf dem Bildschirm. Hannelore richtete sich interessiert auf, als die Stimme des Nachrichtensprechers erklang:

»Ein schrecklicher Verdacht erhärtete sich. Was Nachbarn schon lange vermuteten, von der Polizei aber bislang als Gerücht abgetan wurde, schien sich jetzt in der Nürnberger Steingasse zu bestätigen: Viele Jahre hatten sie neben einem Kinderschänder gelebt. Der 77-jährige Alfons M. wurde bereits in den 1980er Jahren verdächtigt, mehrere kleine Jungen im Alter von acht bis zehn Jahren missbraucht und in zwei Fällen sogar getötet zu haben. Eines der geschädigten Kinder war der damals noch minderjährige Sohn seiner inzwischen verstorbenen Frau, die den Buben als Siebenjährigen mit in die Ehe brachte. Sie selbst war es jedoch, die dem Verdächtigen damals für alle fraglichen Tatzeiten lückenlose Alibis gab. Psychologen und Staatsanwaltschaft waren seinerzeit einhellig zu der Überzeugung gelangt, dass die

Kinder aufgrund ihrer traumatischen Erfahrungen, Herrn M. nur deshalb als Täter nannten, weil sie ihn kannten, der wahre Schuldige aber vermutlich ein Fremder gewesen wäre.

Da sich in jüngster Zeit neue Indizien ergeben hatten, wurde der Fall neu aufgerollt. Nach einer Hausdurchsuchung, die zu weiteren Beweisen führte, wurde Alfons M. nun eindeutig als Täter identifiziert. Weil keine Fluchtgefahr bestand, blieb er vorläufig auf freiem Fuß. Eine besonders tragische Wende nahm der Fall dadurch, dass Herr M., noch während sich die Ergebnisse der gentechnischen Untersuchungen in der Schwebe befanden, einen Schlaganfall erlitt, an dem er inzwischen verstarb. Mit einer Verurteilung ihres Peinigers ist für die Opfer also nicht mehr zu rechnen.

Und nun zum Wetter …«

14. Die Postkarte

Rita lehnte am Gartenzaun und presste mit beiden Händen die bunte Ansichtskarte mit dem Foto einer fremden, fernen Stadt an ihre Brust. Ihr Blick folgte gedankenverloren dem Briefträger, der mit aller Kraft in die Pedale seines gelben Postfahrrades trat, um den stürmischen Oktoberwinden zu trotzen. Tanzendes Herbstlaub begleitete ihn rotleuchtend, bis er endlich hinter der letzten, sichtbaren Biegung der hügeligen Landstraße verschwand. Jetzt erst wagte sie es, die Karte zu betrachten, als hätte sie befürchtet, der Beamte würde noch einmal zurückkommen, um ihr diesen Schatz zu entreißen, auf den sie so lange gewartet hatte.

Ja, sie hatte gewartet, Stunde um Stunde zunächst, später Woche um Woche und schließlich Monat um Monat. Die Hoffnung hatte sie nie aufgegeben auf ein Lebenszeichen von ihr, von Anika, ihrer Tochter, die eines Tages so sang- und klanglos verschwunden war, und niemand wusste zu sagen wohin.

Niemand konnte es sich erklären, was geschehen war.

»Junge Leute verschwinden von Zeit zu Zeit. Sturm und Drang, das braucht nicht immer einen Grund«, hatte der Polizist auf der Wachstation zunächst gesagt, als sie eine Vermisstenanzeige aufgeben wollte. »Machen sie sich mal keine zu großen Sorgen. Das Mädchen taucht schon wieder auf!«

Aber Anika war nicht mehr aufgetaucht und so musste der Wachtmeister sich doch noch die Arbeit mit der Aufnahme eines Vermisstenprotokolls machen. Seine Kollegen fuhren daraufhin in ihrem grünen Streifenwagen durch den Ort, um Freunde, Bekannte, Schulkameraden zu befragen. Jedoch niemand konnte etwas sagen. Anika hatte gar keine Freunde. Sie war eine Außenseiterin. Still, in sich gekehrt und immer allein. Anika gehörte nicht dazu. Es gab niemand, dem sie sich anvertraut hätte und es gab, außer ihrer Mutter, auch niemand, der sie vermisste.

Nach vier Wochen verlief die Suche im Sand. Keine Nachricht, keine Spur.

Anfangs fragte noch der eine oder andere Nachbar nach, ob es denn nichts Neues gäbe. Die Leute auf der Straße unterhielten sich darüber, wie undankbar es doch sei, Eltern so im Ungewissen zu lassen. »Das Mädchen war einfach zu verwöhnt. Egoistisches Einzelkind eben. Das war ja abzusehen.«

Je länger Anika jedoch verschollen blieb, umso lauter wurden die Gerüchte, dass doch etwas passiert sein musste. Verdächtigungen wurden ausgesprochen, Vermutungen angestellt. Aber am Ende legten sich auch diese und im Dorf ging man wieder zum Alltag über.

Für Rita aber gab es keinen Alltag. Sie wartete auf ein Lebenszeichen ihrer Tochter mit jedem Atemzug, den sie tat. Und jetzt war es da. Jetzt endlich hielt sie eine Nachricht von Anika in Händen und wusste, dass ihr Warten und Bangen nicht umsonst gewesen waren. Vielleicht hatte ein gütiges Schicksal jetzt alles so gefügt und vielleicht ahnte oder wusste Anika ja, was geschehen war.

Alfons war tot. Plötzlicher Herzstillstand. Einfach so. Er war eines Morgens über seiner Tasse Kaffee zusammengebrochen. Schnell und schmerzlos. Fast zu schnell und vor allem ungerecht für ein Monster wie ihn. Aber das Leben war nicht gerecht. Wie auch immer. Jetzt war er weg und Anika konnte zurückkommen. Dieses dunkle Geheimnis, das auf ihnen allen lastete, musste gar nicht mehr gehütet werden. Anika würde ihr verzeihen, würde verstehen, dass sie doch nie hätte anders handeln können, als sie es getan hatte. Ja gewiss, sie hatte diese stummen, bittenden Blicke des Kindes gesehen, in all diesen Jahren, wenn Alfons es an der Hand nahm und hinabführte in den Keller, in diesen Raum, den sie selbst nicht betreten durfte. Und dennoch wusste sie genau, was sich darin befand. Als Alfons einmal die Tür zu lange offen stehen ließ, sah sie es, auf dem Weg zum Kartoffelkeller: Ein düsteres Verlies, die einzige Lichtquelle eine nackte Glühbirne, die von einem Kabel herab über einem schmalen Bett baumelte, mehr eine Pritsche, mit ledernen Fixierbändern. Kühl und muffig war es darin. Sie wollte gar nicht daran denken, was er tat mit dem kleinen Mädchen, das sie nicht zu schützen im Stande war.

Aber was hätte sie tun sollen? Was denn? Ihrer aller Existenz aufs Spiel setzen? Wer hätte sie ernährt? Wer hätte die Miete bezahlt? Was hätten die Leute gesagt? Nein, sie hatte keine Wahl. Damals nicht und im Grunde auch nicht heute!

Aber jetzt war es ja auch vorbei. Vergangenheit. Sie konnten endlich wieder nach vorne blicken. Sie war sich sicher, dass Anika ihr verzeihen würde.

Vorsichtig, als könne sie zerbrechen, hob sie noch einmal die Postkarte an und besah sich das Datum des Poststempels. Vor zehn Tagen hatte Anika diese Karte in jenem fremden Ort mit dem exotischen Namen, den Rita noch nie zuvor gehört hatte, abgeschickt. Ihr Herz begann vor Vorfreude und Aufregung zu klopfen, schnell und heftig. Ja, jetzt würde endlich alles gut werden.

Als sie sich umwandte, um wieder ins Haus zurückzugehen, hörte sie ein Auto. Sie blickte auf und da sah sie ihn die Straße heraufkommen, den grünen Polizeiwagen, und sie erkannte nun auch die Beamten, die darin sassen. Es waren die beiden Männer, die damals auch die Befragung bei Anikas Schulkameraden durchgeführt hatten. Der Wagen hielt, die Beamten stiegen aus, rückten ihre Uniformen zurecht, setzten sich ihre Dienstkappen auf und dann kamen sie auf Rita zu.

Am Ende hörte sie alles nur wie durch einen Schleier. Diese Worte, deren Bedeutung sie zunächst gar nicht verstand, nicht verstehen wollte. Einen Unfall habe es gegeben. Ein Zug sei entgleist, wenige Kilometer vom Ort entfernt. Man wisse noch nicht genau, ob menschliches Versagen oder technischer Defekt die Ursache sei. Unter den unzähligen Toten, eindeutig identifiziert: Anika!

Um sie herum begann sich alles zu drehen, bleierne Düsternis hüllte sie ein, ihre Knie gaben nach. Sie spürte gar nicht mehr, wie sie hart auf den Boden aufschlug und auch nicht, wie ihr die Postkarte aus den Fingern glitt.

Während einer der Polizisten sich erschrocken über Rita beugte, bückte der andere sich, hob die Karte auf, drehte sie um und las: »Ich komme heim, Mama, jetzt gleich steig ich in den Zug und komme zu dir. Alles wird gut! Anika«

15. Meister des Todes

Düster und grau zieht der Regen über das Land. Ohne Unterlass fällt er auf abgeerntete, tote Felder, verwandelt harmlos plätschernde Bäche in reißende Flüsse und eben noch vertrocknete Sandböden in morastige Sumpflandschaften. Mein Blick wandert vom Fenster hinüber zum Kalender, dessen Blätter ich seit Wochen nicht mehr abgerissen habe, er zeigt immer noch meinen 70. Geburtstag: 10. November 1989. Ich habe ihn alleine verbracht, wie schon so viele Geburtstage vorher. Die Zeit scheint ohnehin still zu stehen, die Tage und Stunden rinnen zäh wie Honig. Es ist kalt in meiner Hütte. Das Feuer im Kamin ist längst herunter gebrannt. Ich sollte aufstehen, um Holz nachzulegen. Viel zu lange liege ich schon hier auf dieser alten, schimmligen Matratze, deren verbogene Metallfedern sich in meinen Rücken bohren. Ich vermag es nicht, mich auch nur einen einzigen Zentimeter weit zu bewegen. Zu schwer meine Glieder, zu schwer meine Gedanken.

Immer wieder reisen sie zurück in die Vergangenheit. Die Jahre meiner ärmlichen Kindheit. Alles, was ich mir damals wünschte, war dieser trostlosen Kargheit zu entfliehen. Irgendwohin, wo ich mich endlich satt und geborgen fühlen konnte. Mangel und Leid hatte ich genug erlebt, als eines von 18 Kindern in dieser halb verfallenen Bauernkate irgendwo, weit abgelegen im Altaigebirge, dort wo kein Hahn nach den Menschen krähte und man sie ihrem Elend überließ, bis sie an Hunger und Scham über ihre eigene Wertlosigkeit zu Grunde gingen.

Militär und Kriegsdienst waren für mich die Rettung. Endlich konnte ich das lernen, was mich immer schon interessierte. Ich wurde Soldat und zugleich Mechaniker, da ich geschickt darin war, die Funktionalität der Dinge zu verbessern. Warme Kleidung und Essen machten aus mir endlich einen Menschen. Sie hoben mich heraus, aus diesem tierischen Dahinvegetieren, dem ich tagein, tagaus ausgeliefert zu sein schien. Aber ist man wirklich Mensch, wenn man andere tötet? Wenn man Leben auslöscht, ohne Mitgefühl und ohne Bedauern?

Ja, sicher ich war immer überzeugt davon, meinem Vaterland zu dienen – am Ende aber diente ich nur mir selbst.

Immer und überall musste ich verschweigen, wer ich wirklich war. Damals, wie heute. Meine Herkunft, die Vertreibung meiner Eltern durch Stalin und die Tatsache, dass mein eigener Bruder neun lange Jahre Zwangsarbeit leisten musste – weggesperrt in einem Gulag.

Derartige »Eskapaden«, wie man mir sagte, hätten sich nicht gut in meinem Lebenslauf gemacht. Sie hätten mich unglaubwürdig erscheinen lassen und unzuverlässig gegenüber dem Regime.

Niemand hat diese Dinge je erfahren dürfen, genauso wenig, wie man bis heute um meinen Namen wissen darf. Und auch für mich wäre es besser gewesen, ich hätte sie vergessen, vergraben in den Tiefen meiner Seele und sie nie wieder hervorgeholt.

Nur deshalb lebe ich hier in dieser Einsamkeit und nur deshalb bin ich wieder zurückgekehrt in diese Armut, lebe von nicht einmal 3000 Rubel im Monat. Armut macht unsichtbar. Sie raubt dir jede Identität. Sie ist die beste Deckung, für jemanden, wie mich.

Aber wie kann man vergessen, was einen zwar nicht reich, aber dennoch so unendlich stolz gemacht hat? Und wie, dass man durch das, was man tat, so viel Leid über unschuldige Menschen brachte?

Vielleicht sollte ich mehr von diesem Eisenkrauttee trinken, den Ayla, die weise Kräuterfrau mir gegeben hat. »Er klärt die Gedanken«, sagte sie.

Ich weiß nicht, woher sie dieses Wissen um ihre Kräuter bezieht – aber ihre Medizin wirkt. Immer wieder hilft sie mir zu meiner Gelassenheit zurück, schenkt mir inneren Frieden und erholsamen Schlaf, den ich jetzt schon wieder so lange vermisse.

Ich weiß noch gut, wie mich mein Weg zum ersten Mal zu ihr führte. Wie eine zauberische Fee aus dem Märchen stand sie inmitten ihres paradiesischen Gartens, in dem eine unüberschaubare Fülle an Büschen, Gräsern und Blumen wuchs. Eine Frau mit langem, krausen Wallehaar, das sich ebenso, wie die unzähligen Hüllen ihrer bunten Gewänder sintflutartig über ihren schon etwas ausgemergelten Körper ergoss. Aus ihrem sonnenverbrannten, runzeligen Gesicht leuchteten ein Paar Augen wie helle Smaragde und kündeten von einer Jugend, die doch so lange schon nicht mehr war. Aber Ayla war auch nicht alt – sie war immer noch eine schöne Frau.

Sie erzählte mir viel über ihre Welt der Kräuter und Pflanzen und die Kraft, die in ihnen lag. »Die Natur schenkt uns alles«, sagte sie. »Es kommt immer auf die Dosis an. Sieh hier, die Herbstzeitlose – sie besitzt die Kraft der Auferstehung und die des Untergangs – je nachdem, wie wir sie verwenden. Geschwüre und Gicht, alles können wir mit ihr heilen, aber ein wenig zu viel davon, bringt den sicheren Tod.«

Ayla nutzte die Kraft ihrer Werkzeuge immer, um das Leben zu bewahren, anders als ich. Ich denke oft, ich hätte sie lieben können, diese kluge Frau. Sie hätte mich geheilt von meinen quälenden Schuldgefühlen. Aber dann hätte ich mein Geheimnis lüften müssen und das hätte ich nicht vermocht.

So nahm ich immer wieder wortlos die kleinen Leinenbeutel, in denen sie eine Kombination ausgesuchter Kräuter für mich gemischt hatte, und verließ sie wieder. Tat so, als würde ich ihr lockendes Lächeln nicht bemerken, das Funkeln ihrer grünen Augen und auch nicht die einladenden Gesten, mit denen sie mir den Weg in ihre Hütte zu weisen versuchte.

Nein, für Menschen wie mich, war die Liebe nicht gemacht und Menschen wie Ayla waren nicht geboren, um belogen zu werden.

Ich konnte und durfte mich nicht einlassen auf eine andere Person. Mit niemanden meine wahre Existenz teilen. Genauso wenig aber hätte ich sie, gerade vor ihr, die doch so vieles sah, verschweigen können. Sie hätten mich zermürbt, diese stummen, herzwunden Blicke, die sich unweigerlich eines Tages einstellen würden, die Verdächtigungen und Mutmaßungen, die ja im Grunde alle nur um so vieles harmloser sein konnten als die Wirklichkeit. Wer konnte schon ahnen, dass der Tod Tausender Menschen auf meinem Gewissen lastete? So ging ich immer wieder zurück in meine Einsamkeit und begnügte mich mit den Erinnerungen an die guten Tage meines Lebens, die Stunden von Erfolg und Ruhm, bis Schuld und Scham mich wieder einholten und alles verdüsterten.

Wie in einem Hologramm spiegelte sich mein Tun in jeder Pfütze, in die mein Blick im Vorübergehen fiel, in jedem Regentropfen und in jedem Splitter eines zerbrochenen Spiegels. Ich sah mich selbst, umringt von Parteifunktionären und ranghohen Militärs, ich sah die Orden, die man mir an die Brust heftete, zugleich sah ich Menschen, zerrissene, zerfetzte Körper, zuckend und blutend am Boden liegen. Nein, niemand durfte wissen, wer ich war – niemand!

Mein Leben war zu einer Art Odyssee geworden – einer Irrfahrt, die zwar niemals in die Welt hinaus führte, sich aber immer mehr in den Tiefen meiner wunden, schuldbeladenen Seele verlor.

Oh, wie sehr hätte ich mir gewünscht, andere Reisen zu unternehmen. Wie gerne hätte ich ferne Länder besucht und fremde Völker. Mein großer Traum war immer gewesen, einmal nach Kuba zu reisen, um ihm, dem Helden seines Volkes, Fidel Castro, die Hand zu schütteln. Dicke, handgerollte Zigarren wollte ich rauchen und bunte Postkarten nach Hause schicken, von der berühmten Uferpromenade Havannas und vergaß dabei, dass es in diesem Zuhause niemand gab, der sie gelesen hätte.

Jedoch, es blieb mir ohnehin verwehrt, ich durfte die Sowjetunion nicht verlassen. Ich verstand den Sinn und Zweck, der dahinter stand und verstehe ihn bis heute. Wie heißt es doch in unserem alten Sprichwort: »Man muss nicht alles durch das Grüne sehen«. Oh nein, das tat ich nicht. Ich hatte nie diese grünen Dollarscheine vor Augen, wie diese ewig gierigen Kapitalisten. Amerikaner, Deutsche, Franzosen – sie alle waren bereit für Geld zu töten. Ich aber tat es für Ruhm und Ehre und redete mir ein, es wäre fürs Vaterland. Und trotz all meiner Erfahrungen ist es mir immer noch wichtiger, ein Held der sozialistischen Arbeit zu sein, als reich. Oh ja, es gibt sie durchaus diese Stunden, in denen ich stolz auf alles bin, was ich tat.

Aber die Dinge ändern sich zusehends – auch für mich. Die Tage des Kommunismus sind gezählt. So wie die Priester im Westen über ihre Kirchenaustritte klagen, so spüren unsere Führer mehr und mehr, dass das Volk sich dem Kapitalismus zuwendet und bereit ist, dafür die alten Ideale zu verraten. Aber ist es denn wirklich Verrat, wenn man sich nach Freiheit und Wohlstand sehnt? Ich weiß es nicht zu sagen. Mein Kopf ist so schwer wie mein Herz. Bald darf auch ich reisen, wohin immer ich will. Bald darf – oder muss – ich vor aller Welt dazu stehen, wer ich bin und was ich tat. Mein Inkognito soll gelüftet werden. Es wird Wodka geben, der meinen Namen trägt und Sportgeräte. Mich würde es nicht wundern, wenn sie auch Rosen oder Farbtöne nach mir benennen würden.

Aber würde es etwas anderes aus mir machen, als das, was ich bin?

Ein Kriegsheld, ein Retter des Vaterlandes und zugleich ein Mörder, der eine Waffe erfand, die bis heute ihresgleichen sucht. Weil sie so sicher und todbringend wirkt. Einen Mann, den man »Meister des Todes« nennt. – Mich, Michail Timofejewitsch Kalaschnikow!

Michail Timofejewitsch Kalaschnikow, geboren am 10. November 1919 in Kurya, Altai, Russland, verstorben am 23. Dezember 2013, war ein sowjetischer Ingenieur und Waffendesigner, dessen Name untrennbar mit der Entwicklung des berühmtesten Sturmgewehrs der Welt, der AK-47, verbunden ist.

Kalaschnikows Leben war von den Wirren des 20. Jahrhunderts geprägt. Als eines von 18 Kindern in einer Bauernfamilie aufgewachsen, erlebte er die Härten der sowjetischen Landwirtschaftspolitik und den Zweiten Weltkrieg. Seine technische Begabung zeigte sich früh, und trotz fehlender formaler Ausbildung in Ingenieurwissenschaften begann er während seiner Zeit in der Roten Armee mit dem Entwurf von Waffen.

Zeit seines Lebens blieb Kalaschnikow eine kontroverse Figur. Einerseits wurde er in der Sowjetunion und später in Russland als Held gefeiert und mit zahlreichen Auszeichnungen geehrt. Andererseits sah er sich mit der moralischen Last konfrontiert, Erfinder einer Waffe zu sein, die unzählige Todesopfer forderte. Er äußerte sich in seinen späteren Jahren mehrfach zu diesem Dilemma, betonte jedoch stets, dass seine Absicht in der Verteidigung seines Landes lag und nicht in der Förderung globaler Gewalt.

Bis zu seinem Tode lebte er von einer bescheidenen Pension. Nachdem eine Wodkamarke nach ihm benannt wurde, wurden unter seinem Namen auch weitere Konsumartikel, wie Messer und Uhren, angeboten.

16. Glasnost

»Guten Morgen, Frau Zimmermann, schau mal, was ich kann!« Die kleine Lilly aus dem 4. Stock zeigt auf das mit farbigen Kreiden aufgemalte Himmel- und Hölle-Spiel auf dem Boden im Vorraum unseres Mietshauses. Mit vor Aufregung hochrotem Kopf, den blonden Haarschopf zerzaust, hüpft sie, auf einem Bein, im fröhlichen Zick-zack die vorgezeichneten Kästchen entlang. »Kennst du das?«, fragt sie keuchend.

»Guten Morgen, Lilly! Ja, das kenn ich. Das hab ich als Kind auch gespielt.«

»Waaas? Sooo alt ist das schon?« Lilly schüttelt ungläubig den Kopf, springt aber gleich wieder munter weiter.

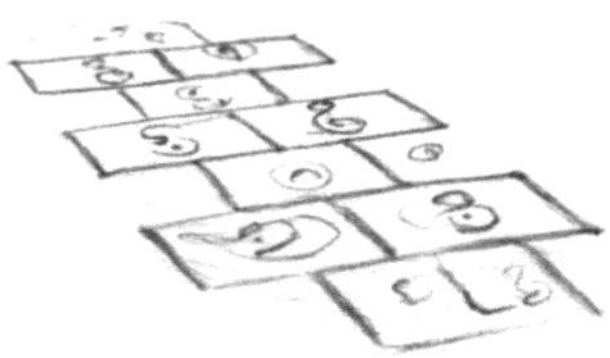

Ich lächle vor mich hin, während ich meinen Schlüsselbund aus der Tasche nehme, und das kleine Blechtürchen meines Briefkastens öffne. Im nächsten Moment schon rutscht mir ein Stapel an Werbebroschüren entgegen. Ehe ich ihn auffangen kann, klatscht er mir vor die Füße und breitet sich fast fächerartig auf den steinernen Bodenkacheln aus. Werbeflyer, Anzeigenblättchen, Sonderangebote von Supermärkten und Discountern, Einladungen zu allen möglichen Events, von der Eröffnung von Biergärten bis zum Fitnesscenter, Wahlwerbungen und allerlei Versprechen auf Wahrheit, Seelenheil und ewige Gesundheit.

Ich bücke mich, um die Papierflut aufzuheben, da fällt mein Blick auf ein kleines, schneeweißes Kuvert aus feinstem Bütten, das sich fast wie ein Fremdkörper, ein mystisches Zeichen aus anderen Zeiten und Welten, unter all dem bunten Druckwerk hervor schiebt. Seltsam – wer schreibt denn heute noch Briefe? Noch dazu solche: ein gefütterter Umschlag mit Tinte adressiert, die Handschrift fast nostalgisch geschwungen? Mein Herz setzt für einen kurzen Schlag aus. Ich kenne diese Schrift! Oh ja, ich kenne sie gut und ich würde sie unter tausenden erkennen: Es gibt nur einen Menschen, der so schreibt: Aljoscha!

Aljoscha – wie oft habe ich an dich gedacht? Wie oft gebetet um ein Lebenszeichen von dir? Was hätte ich darum gegeben zu wissen, wie es dir geht? Was aus dir geworden ist? Und jetzt, nach all diesen Jahren – aus heiterem Himmel ein Brief?

Mit zitternden Knien lehne ich mich an die Wand, deren feuchte Kühle mich wie ein Handtuch umfängt, und öffne mit schweißnassen Fingern den Umschlag. Die Worte, die ich lese, verschwimmen vor meinen Augen. Ich überfliege die Zeilen und verstehe nur eines: Du möchtest mich wiedersehen.

Ich drücke den Brief an meine Brust und plötzlich tauchen Erinnerungen auf an unsere gemeinsame Zeit in Berlin. Aljoscha!

Ich höre deine Stimme, so tief und so sanft, wie sie flüstert: »Mily, Liebling – vergiss mich nicht!« Sogleich könnte ich wieder versinken in diesen samtigen Klang. Ich sehe deine Hände vor mir, so schmal, die langen, feingliedrigen Finger, deine schmale Gestalt, dein Gesicht so voller Trauer und die Schwermut deiner dunklen Augen, so sehnsuchtsvoll und tief wie Wiegenlieder aus längst vergangenen Tagen.

Sogleich atme ich wieder den Duft deiner Haut, als wäre es gestern gewesen. Damals, als wir mit jeder Faser unseres Seins daran glaubten, die Liebe zwischen uns wäre eine Art Metaphysik, unsterblich und erhaben über die ersten und letzten Dinge der Realität. Sie allein hätte die Macht, sich über Grenzen und Regime hinweg zusetzen und würde – solange wir nur unsere Schwüre, in einem andauernden Wiederholungszwang, wie heilende Mantras, durch unsere viel zu kurzen Nächte beteten – die Gespenster der Zeit vertreiben. Welch tragischer Irrtum!

In Wahrheit blieb uns nur ein Sommer. Gezählte Tage und Nächte, in denen wir uns wie Seelenverwandte fühlten, wie aus einem Herzen geschnitzt – einer der Wegrand des anderen.

In euphorischer Naivität ließ ich mich hinreißen vom verführerischen Geist einer neuen Freiheit, dem angespannten Warten darauf, dass Grenzen und Mauern endlich fielen, dass Nationalität und Herkunft keine Rolle mehr spielen und die Welt endlich eins wäre.

Während du skeptisch warst, weil du ahntest, dass unser Glück am seidenen Faden hing, glaubte ich den Versprechen von Glasnost und Perestroika. Ich glaubte daran mit all dem Stolz und all dem Trotz eines verliebten Herzens. Ich glaubte immer noch daran, als wir am Ende dieses Sommers Abschied nehmen mussten, als du mir ein letztes Mal sagtest: »Do swidanja, Mily! Vergiss mich nicht! Do swidanja!« Ich glaubte daran, als wir uns versprachen, Brotkrümel auf unsere Wege zu streuen, damit einer den anderen wiederfände, egal, wo das Leben uns auch hintreiben mochte.

Ich glaubte daran, bei jedem unserer Telefonate, die uns so selten gestattet waren und bei denen uns jedes Mal zu Beginn eine amtlich klingende Stimme mit schwerem russischen Akzent darauf hinwies, die Gespräche würden aus Gründen der Sicherheit abgehört und aufgezeichnet. Ich glaubte daran, bei jedem deiner Worte, jedem deiner Briefe, die ich unter meinen tränennassen Kopfkissen barg, wie kostbare Schätze.

Nur, wann hörte ich auf zu glauben?

Wann war es, dass die traurige Gewissheit Oberhand gewann und ich lernen musste, dass politische Machtverhältnisse am Ende immer stärker waren, als die noch so tiefe Liebe zweier Menschen?

In dem Moment, in dem der streng blickende Militär der russischen Botschaft in seiner reich geschmückten Sowjetuniform mir sagte: »Wieso wollen Sie nach Moskau reisen? Haben Sie überhaupt eine Vorstellung davon, was dieser Mann auf sich nehmen muss, um eine Deutsche einzuladen? Das kann das Ende seiner Karriere bedeuten! Wenn Sie ihn lieben, junge Frau, verzichten Sie auf ihren Besuch!«

Dann, als unsere Zeitungen darüber berichteten, die Menschen in Moskau würden hungern und müssten um Lebensmittelkarten anstehen?

Dann, als das Versprechen auf Freiheit wie ein Kartenhaus in sich zusammenfiel?

Oder wirklich erst dann, als es keine Anrufe mehr gab, als keine Briefe mehr kamen, in diesen kleinen, leichten Luftpostumschlägen mit den blau-schwarzen Bildchen einer Aeroflot-Maschine darauf?

Ich, Aljosha, ich habe dir jedenfalls noch lange geschrieben, auch wenn du keinen dieser Briefe mehr gelesen hast. Ich habe sie nicht mehr abgeschickt. Ich habe sie verbrannt im flackernden Kerzenlicht, bei Wodka und Rotwein; hab sie als Papierflieger den Winden anvertraut oder als Faltschiffchen der Strömung von Flüssen und Bächen. Die Elemente trugen all mein Sehnen und all meine Trauer ins Nirgendwo.

Irgendwann in diesen Tagen und Nächten ist sie wohl zerbrochen, die Hoffnung auf eine gemeinsame Zukunft oder sie löste sich auf im Strom der Zeit.

Irgendwann gab es keine Spuren mehr, keine Zeichen und die Sehnsucht nach dir legte sich eines Tages ganz unbemerkt in einem verschwiegenen, dunklen Winkel meines Herzens schlafen. Der Kummer wich einer leisen Wehmut, bis auch sie schließlich verstummte zur bittersüßen Melancholie, des »Es war einmal«.

Kein Requiem für einen verlorenen Traum, keine sanfte Hand, die ihn einwiegte, kein Engelschor, der für ihn sang. Die schwarzen Krähen des Vergessens hatten die Brotkrumen aufgepickt, eisige Winde sie verweht – unsere Wege waren verschneit.

Und jetzt? Nach 30 Jahren halte ich diesen Brief in Händen und für einen Augenblick spüre ich, wie die Hoffnung wieder aufkeimt, in kleinen kreisenden Schwingungen, wie mein Herz schlägt und ich mich wieder jung fühle, jung und begehrenswert, wie damals. Sollte es noch einmal möglich sein?

Ich legte mein Gesicht an das Papier in der unsinnigen Hoffnung, es würde nach dir riechen.

Und wieder tauchen Bilder auf, als wäre es gestern gewesen. Ich sehe mich in diesem engen, roten Kleid mit dem tiefen Rückenausschnitt, das du so liebtest, die schmale, gewundene Stiege zu dem kleinen schäbigen Jazzkeller hinabsteigen, der brechend voll ist mit Publikum, das es nicht erwarten kann, Nacht für Nacht diese jungen wilden und immer hungrigen Russen zu hören. Hinter dichten Rauchschwaden sehe ich dich am Piano, den Kopf über die Tasten geneigt, das dunkle, halblange Haar wie ein Schleier vor deinem Gesicht. Und dann das Lächeln um deine Lippen, als du aufblickst, mich erkennst und unhörbar flüsterst: »Mily, Liebling ...«

Eine ganze Weile stehe ich noch im Hausflur und gebe mich diesem verführerischen Traum hin, der Vorstellung davon, es könnte alles noch einmal so sein, wie früher. Wir beide in Berlin, in Moskau oder irgendwo sonst auf der Welt. Nur du und ich.

Aber dann plötzlich geht ein Ruck durch mich hindurch. Nein! Nein, mein Liebster, ich möchte sie nicht sehen, die Jahresringe deiner Augen, das gelebte Leben in deinem Gesicht, von dem ich mir so lange gewünscht hatte, es wäre unseres geworden. Ich will die so lange nicht gestellten Fragen heute nicht mehr stellen. Will die Erinnerung bewahren, so wie ich sie mir in all den Jahren zurechtgeschliffen habe. Will nicht von Verrat und Vergessen reden. Will deinen dunklen, sehnsuchtsvollen Blick auf ewig in meinen Herzen hüten und mir vorstellen, er galt immer nur mir.

Und dann – ganz leidenschaftslos – werfe ich diesen so lang ersehnten Brief aus feinstem Büttenpapier inmitten eines Packs bunter Werbebroschüren im hohen Bogen in den Altpapiercontainer neben der Haustüre. Ich laufe die Treppe hoch zu meiner Wohnung. Die Tür fällt leise hinter mir ins Schloss.

»Do swidanja, Aljosha, vergiss mich!«

17. Die Welt ist so schön

Nun war doch wieder ein Winter vorüber. Die Vögel sangen, als hätten sie selbst nicht mehr darauf gehofft. Das erste Grün brach mit einer Kraft hervor, als hätte das Land nicht gerade eben noch unter der weißen Last von Eis und Schnee gelegen. Und die Luft war angefüllt mit allen Gerüchen des Frühlings. Gefühle stiegen in ihm auf, die unwiederbringlich und längst vergangen schienen. Sein Herz war frei und leicht, wie lange nicht. Die Todessehnsucht, die er gestern noch spürte, war vergessen, und zum ersten Mal seit Jahren fühlte er seinen eigenen Atem tief in seinen Lungen. Fast schmerzhaft weitete sich seine Brust.

Wie sehr hatte er ihn doch vermisst, diesen leichten Wind, der vom Fluss herüberwehte und über seine Haut strich, der in sein Haar fuhr, wie die sanfte Hand einer Frau.

Endlich frei! Drei Jahre war er das nicht mehr gewesen. 36 lange Monate eingesperrt in diesem kleinen Raum. 9,2 qm, ein Bett, ein Stuhl, ein Tisch, ein Bücherregal, Toilette und Waschbecken. Der Blick nach draußen begrenzt durch ein winziges, vergittertes Fenster, durch das er gerade mal ein winziges Stück Himmel zu sehen bekam. Eine Stunde Hofgang täglich, drei Stunden Küchendienst. Wie klein die Welt doch plötzlich werden kann. 36 lange Monate – ungezählte Tage, durchwachte Nächte, in denen er die

Einsamkeit, die Stille und die Dunkelheit um sich herum, kaum ertragen hatte.

Aber das war nun Vergangenheit. Er hatte abgeschlossen, mit allem, was hinter ihm lag.

»Die Welt ist so schön und der Himmel so blau
und die Lüfte die wehen, so lind und so lau …«

Diese Zeile ging ihm seit heute Morgen nicht mehr aus dem Kopf. Seit seinem letzten Frühstück in Gefangenschaft. Als der Gefängnisdirektor ihm zum Abschied die Hand schüttelte, alles Gute für seine Zukunft wünschte, da schwirrte es in seinem Kopf, wie in einem Bienenstock: »Die Welt ist so schön …«

Er musste eine Weile überlegen, zu welchem Gedicht diese Zeile überhaupt gehörte. Ach ja, Heinrich Heine, »Die Welt ist so schön«. Wie lange hatte er es nicht gehört und woher kannte er es überhaupt? Früher hielt er Gedichte für kitschig – aber nun, auf einmal, verstand er, was Menschen daran faszinierte. Es waren diese einfachen, schlichten Worte, die so tief in die Seele drangen. Wie ein am Morgen gehörter Song, der einen den ganzen Tag über begleitet.

»Die Welt ist so schön …«

Oh ja, sie würde wieder schön sein, seine Welt. Er hatte die Kämpfe hinter sich gelassen, den Krieg gegen die Sucht, den er so verzweifelt geführt hatte, gewonnen, und nun würde alles gut sein. Ein neues

Leben wartete auf ihn und was vergangen war, konnte nun auch gut und gern vergessen bleiben. Er sah seine Zukunft wie ein Bild vor sich, ein Gemälde fast, in leuchtenden Farben, hell und klar, das er nun selbst zu gestalten in der Lage war. Er war nicht mehr länger Sklave seiner Sucht, er war der Meister seines Lebens geworden.

Einen kurzen Moment stand er noch, ein wenig unschlüssig, mit dem Rücken zu dem hohen Metalltor, das sich mit einem lauten Quietschen hinter ihm schloss.

Auf der gegenüberliegenden Straßenseite schob sich eine alte Frau, grauhaarig, gebeugt, mit zwei schweren Einkaufstaschen im Schneckentempo den Weg entlang. Ein Radfahrer zog an ihr vorüber, sein aufgeblähter Mantel flatterte wie Krähenflügel im Wind. Möwen kreisten, kreischende, spitze Schreie ausstoßend, hoch oben am wolkenlosen Himmel.

»Die Welt ist so schön …«

Er gab sich einen Ruck und setzte sich in Bewegung. Sein Weg führte ihn direkt zur Bushaltestelle. Er wollte das Geld fürs Taxi sparen und er war sich sicher, dass die Linie 19 immer noch bis wenige Meter vor seine Haustüre fahren würde.

Welch seltsames Gefühl es doch war, so einfach in einen Bus zu steigen, ein Ticket zu lösen, irgendwo hinzufahren, ein Ziel zu haben. Oh ja, wenn man all diese Freiheiten für lange Zeit verloren hatte, bekamen die einfachen Dinge fast einen Hauch von Luxus. Dennoch konnte er nicht leugnen, dass er auch so etwas wie Furcht in sich spürte, Furcht und Unsicherheit. Denn obwohl er diesen Tag so lange herbeigesehnt hatte, mit jeder Faser seines Herzens, ging es ihm jetzt auf einmal doch sehr schnell, fast wie eine Sturzgeburt in ein neues Leben hinein, dessen Pfade und Wege er noch nicht kannte.

Drei Jahre waren eine lange Zeit. Was würde ihn hier draußen erwarten? Wie würde seine berufliche Zukunft aussehen? Wo waren all seine Freunde, die er damals besaß, und von denen ihn nicht einer, während seiner Haftstrafe besucht hatte? Keiner, nicht ein einziger. Nur seine Schwester war gekommen. Betty, die mit treu ergebener Regelmäßigkeit jede Besuchszeit bei ihm abgesessen, ihn getröstet und ihm gut zugeredet hatte. Die seine Trauer, seine Wut und seine Ängste mitgetragen hatte. »Du musst durchhalten! Ich weiß, dass du unschuldig bist! Aber halte durch.« Sie war es auch gewesen, die dafür gesorgt hatte, dass er das Haus nicht verkaufen musste. Sie hatte sich in all der Zeit um alles gekümmert. Die gute Betty, die immer schon mehr Mutter, als Schwester für ihn war, trotz der wenigen Jahre Altersunterschied. »Ich hab alles so gelassen, wie es war. Es wartet nur darauf, dass du zurückkommst.«

Ja, und nun war es endlich so weit. Er stieg aus dem Bus, überquerte die Straße. Seine Finger fuhren in die Tasche seiner Jacke und zogen einen kleinen

Schlüsselbund heraus. Er sperrte die Türe auf. Endlich zuhause!

Auf dem Boden der engen Diele lagen verstreute Briefe, Rechnungen, Werbebroschüren, die der Postbote durch den kleinen Briefschlitz geworfen und die Betty noch nicht eingesammelt hatte. Er bückte sich, hob die einzelnen Kuverts auf und legte sie auf die kleine Ablage neben der Garderobe. Nachdem er die Jacke ausgezogen hatte, sah er sich um. Jetzt war er also wieder hier. Ein freier Mann. Langsam, etwas vorsichtig, fast wie ein Fremder, ging er hinüber ins Schlafzimmer. Tatsächlich, Betty hatte nicht übertrieben – alles war wie damals. Nichts war verändert. Jedes Bild, jedes Möbelstück, alles an Ort und Stelle. Nur der Teppich fehlte. Dieser türkisfarbene Teppich, den er immer gehasst hatte, war weg. An seiner Stelle ein blanker Schiffsholzboden.

Sein Blick fiel jetzt auf die kleine Spiegelkommode drüben beim Fenster und mit einem Mal durchfuhr es ihn, wie ein Messerstich. Dort standen, als wären sie nie von jemand anderen berührt worden, Melissas Schätze. So hatte sie sie immer genannt: »Meine Schätze«. Eine Schale mit Schmuckstücken, Armbändern, Ringen und Ketten, eine silberne Blumenelfe, die sich wie im Traum auf einer gläsernen Kugel wiegte und daneben eine Dose aus rotem Chinalack, in der sie ihre Briefe aufbewahrte. Sein Herz hämmerte in der Brust, als wolle es zerspringen. Das Blut rauschte in seinen Ohren, als mit einem Mal alle Erinnerungen wie eine Sturzflut über ihn hereinbrachen. Ungefragt tauchten nun die Bilder in ihm auf und alles lief ab, wie ein einziger, albtraumartiger Film. Er hörte ihrer beider Schreie, diesen fürchterlichen Streit in der Küche, an jenem verhängnisvollen Abend, bei dem es wieder einmal, wie so oft, um seine Sauferei und seine Aggressionen ging. Er sah die alte Angst in ihren Augen, die ihn immer noch wütender machte. Er hörte ihr panisches, sirenenartiges Weinen. Er erinnerte sich, dass er die Hand hob und sie vor ihm floh, hierher in diesen Raum. Melissa schaffte es nicht mehr, die Türe vor ihm zu versperren. Als er sie packte und schüttelte, sank sie plötzlich wie eine Marionette in sich zusammen und schloss in stummer Ergebenheit die Augen. Er sah noch, als wäre es heute, ihren dunklen, dichten Wimpernkranz zitternd und sanft wie Schmetterlingsflügel über ihren bleichen Wangen, hörte ein leises, flehendes »Bitte! ... Nicht ... Bitte!« Und dann, er konnte nicht sagen, wie er sie in die Finger bekommen hatte. Hatte er sie von der Kommode genommen? Lag sie bereits auf dem Boden? Er wusste es nicht, aber er spürte förmlich wieder, wie sie glatt und schwer in seiner Hand lag, wie er sie anhob, diese schwere Glaskugel und auf Melissa einschlug, sah ihr Blut hell und rot über ihre Stirn hinab auf den türkisfarbenen Teppich fließen. Es breitete sich aus zu einer Lache, immer weiter und weiter ...

Mit einer Handbewegung versuchte er, die Bilder zu verscheuchen, atmete tief, aber sein Puls wollte sich nicht beruhigen. Schweiß perlte von seiner Stirn.

Mit zitternder Hand strich er über die Glaskugel mit der Elfe aus Zinn darauf, von der Betty sorgfältig jeden Blutstropfen entfernt hatte, als hoffe er, er könne dadurch etwas ungeschehen machen. Dann öffnete er die beiden zartrosa Satinbänder auf der Chinalackdose, nahm den Deckel ab und griff nach dem kleinen Bündel mit Briefen und Notizen. Tränen traten in seine Augen, als er den Ersten davon öffnete und Melissas feine, geschwungene Handschrift darauf erkannte. Es war eines ihrer Lieblingsgedichte, dass sie vor so vielen Jahren auf dieses weiße Blatt Büttenpapier geschrieben hatte:

Die Welt ist so schön und der Himmel so blau,
Und die Lüfte die wehen so lind und so lau,
Und die Blumen winken auf blühender Au,
Und funkeln und glitzern im Morgentau,
Und die Menschen jubeln, wohin ich schau. -

Und doch möcht' ich im Grabe liegen,
Und mich an mein totes Liebchen schmiegen.

18. Brief einer Mutter

Wie soll ich dich ansprechen? Ich weiß es nicht – ich kenne dich nicht und doch beansprucht niemand meine Gedanken und Gefühle so sehr wie du. Ich kann nicht sagen, ob ich dich schon einmal gesehen habe, in deine Augen geblickt und du in meine. Ob du einmal vor mir standest, eine Hutkrempe tief ins Gesicht gezogen, damit dein Blick dich nicht verrät. Vielleicht sind wir uns nie begegnet – aber dennoch sind wir alles andere als Fremde. Darum erscheint es mir angebracht, beim Du zu bleiben. Nicht wegen einer gewachsenen Vertrautheit. Nein, nur deshalb, weil es kaum einen Menschen geben dürfte, der mir heute näher steht als du. Niemand, dem ich mehr Zeit gewidmet, dem gegenüber ich tiefere Gefühle empfunden und über den ich mir mehr Gedanken gemacht habe als über dich. Ich habe lange mit mir gerungen, dir diese Zeilen zu schreiben. Ich weiß nicht, ob sie dich überhaupt erreichen. Ich weiß nicht, ob du sie jemals lesen wirst. Die Vorstellung, mich dir zu offenbaren, kostet mich mehr Überwindung als alles andere in meinem Leben bisher. Aber wenn nur der kleinste Funken einer, noch so wagen Hoffnung darauf besteht, dass du diese Zeilen liest, dass sie dich erreichen, dann muss meine Angst davor, dich in meine tiefste Seele blicken zu lassen, hinter dem Bedürfnis nach einer Antwort auf die dringlichste Frage meines Lebens, die Frage, die jeden Tag, jede Stunde und jede Minute meines Seins verdüstert, zurückstehen. Dann sind meine Ängste nicht weiter, als ein Wermutstropfen in einem Kelch, der bis an den Rand gefüllt ist, mit offenen Fragen.

Vielleicht lachst du über mich. Vielleicht geilst du dich auf an meinem Kummer und meinem Leid, ergötzt dich an der Macht, die dir die Vorstellung verleiht, anderen Menschen Schmerz zu bereiten, nicht nur auf körperlicher, sondern vor allem auf seelischer Ebene. Dann mag dieser Brief, sofern du ihn liest, Balsam für dich sein.

Aber vielleicht ist es auch ganz anders. Vielleicht fühlst du Bedauern oder Schuld und auch dich quält dieses Unumkehrbare, das uns beide verbindet. Dann ergibt das, was ich hier tue, einen Sinn.

Für mich ist dies der letzte verzweifelte Versuch, den ich noch unternehmen kann, das was geschehen ist zu begreifen und Licht auf das dunkelste Kapitel meines Lebens zu werfen. Mein Gottvertrauen reicht nicht aus, zu hoffen, dass ich die Antworten auf meine Fragen nach meinem Tode finden werde. Denn auch das hast du mir genommen: den Glauben an eine Erlösung im Jenseits.

Nach all dieser Zeit muss ich mir endlich eingestehen, dass ich dir mehr Lebenszeit gewidmet habe, als ich meiner Tochter jemals schenken durfte. Und es gibt etwas, das uns beide verbindet – dich und mich – untrennbar und unleugbar:

Ich habe ihren ersten Atemzug mit ihr geteilt und du ihren letzten.

Fast 30 Jahre ist es nun her, dass du nicht nur ihres, sondern auch das Leben so vieler anderer Menschen zerstört hast.

Und es gab eine lange Zeit, in der ich nichts anderes wünschte, als gälte das auch für dein Leben. Nichts schien dieses schwarze, klaffende Loch in meinem Herzen füllen zu können, als der Gedanke an Rache und Vergeltung. Es gab kein Grauen und keine Pein, die ich dir nicht gewünscht hätte. Aber heute, heute möchte ich nur noch eine Antwort auf diese letzte Frage: »Wie?« Nach einem »Warum« frage ich schon lange nicht mehr.

Ich stehe jetzt kurz vor meinem 75. Geburtstag. Wie viele Jahre mögen mir noch bleiben – und wie viele dir? Bist du überhaupt noch am Leben? Und wie hast du sie verbracht deine Tage und Nächte mit der Erinnerung an diese schreckliche Tat? An diesen Moment, in dem du das Lebenslicht in ihren Augen erlöschen sahst?

Wusstest du, was du tatest? Hast du es geplant? Ging es dir nur um die Befriedigung deiner Bedürfnisse, deiner Macht? Oder sind dir die Dinge aus dem Ruder gelaufen? Haben dich die Erinnerungen verfolgt? Erinnerungen – an ihre Angst, ihre Verzweiflung, ihren Todeskampf? Hat sie gebettelt, gefleht, geweint? Oder hat sie gekämpft bis zum letzten Atemzug, in der Hoffnung dir zu entkommen?

Was weißt du über meine Tochter? Weißt du, was für ein Mensch sie war? Welche Träume sie hatte? Welche Pläne? Hast du ihr kehliges Lachen im Ohr, so wie ich? Ihre Stimme, die immer etwas rau klang? Ihr Sprechen, immer ein wenig zu schnell, weil sie zu vieles auf einmal erzählen wollte? Denkst du auch so oft an dieses kleine Muttermal unter ihrem rechten Auge? An diese fahrige Handbewegung, mit der sie sich lästige Haarsträhnen aus dem Gesicht wischte? Den Geruch nach Mandelblüten, den dieses Haar hatte? Ihren Gang, ein bisschen schlaksig, der linke Fuß ein wenig nach innen gedreht?

Wer war sie für dich? Eine Fremde, die zufällig zur falschen Zeit am falschen Ort war oder jemand, den du kanntest? Warst du verliebt in sie und wagtest nicht, ihr das zu sagen? Hast du sie vielleicht beobachtet, in den Tagen und Wochen vor ihrem Verschwinden? Oder hat sie dir vertraut? Hatte sie kein Arg geschöpft, als sie zu dir ins Auto stieg, auf ihrem Weg nach Hause, indem sie niemals mehr ankommen sollte?

Wie hat meine Tochter die letzten Tage ihres Lebens verbracht?

Hast du jemals darüber nachgedacht, dass dieses Leben und die ihr zugemessene Zeit heute nicht mehr wiegen, als der Inhalt einer alten Pappschachtel, angefüllt mit Fotos und Briefen? Dass du nicht nur ihr Leben zerstört hast, sondern das so vieler Menschen? Ihrer Eltern, die sie liebten, die solch große Hoffnungen auf ihre Zukunft hatten, die du ihr genommen hast? Deren Ehe schließlich zerbrach, weil sie an der Aufgabe, sich gegenseitig Trost und Halt zu geben, scheiterten? Weil Siegfried, mein Mann, irgendwann einmal wieder auf ein Morgen vertrauen wollte, während ich auf der Suche nach Antworten im Gestern verharrte?

An ihre Geschwister, die bis heute verzweifelt versuchen, einen Schlussstrich zu ziehen, ein »normales« Leben zu führen, die den Schmerz des Verlustes und den des »Nicht-mehr-wahr-genommen-werdens« in der Trauer der Eltern immer wieder, mit all ihrer Kraft, beiseiteschieben müssen? An die permanente Frage, warum sie, warum nicht wir? Die ihre inzwischen groß gewordenen Kinder überwachen und kontrollieren, in der unüberwindbaren Angst, dass ihnen etwas zustoßen könnte? An ihre Freunde in ihren zerfleischenden Selbstvorwürfen, sie an jenem verhängnisvollen Abend nicht begleitet zu haben? Die sich die Schuld geben an einem Ereignis, an dem alleine du die Verantwortung trägst, zu der du nicht stehen kannst? An die, die zu Unrecht verdächtigt und beschuldigt wurden und deren Existenz nie wieder, in all diesen Jahren, frei von einem Makel wurde, der ihnen anhaftet, wie ein Brandmal?

Was weißt du über die Folgen deiner Tat? Über die verlorene Lebensfreude, über trostlose Gedanken und über diese quälenden Fantasien und Vorstellungen, die ein aufgewühlter, ruheloser Geist produziert, die uns alle verfolgten, Tag und Nacht? Kennst du das Gefühl, den Verstand zu verlieren, während draußen die Polizeihunde bellen und über dir die Hubschrauber kreisen, auf der Suche nach deinem Kind? Hat dich das je berührt?

Hattest auch du Bilder von uns in deinem Kopf, so wie wir sie von dir hatten? Haben mussten? Weil du der Einzige warst und bist, der die Wahrheit kennt?

Was hast du gefühlt, als du ihren leblosen Körper wie Müll in dieser verlassenen Gegend entsorgt hast? Wie schwer wog die Last auf diesen letzten Metern, die du ihn getragen hast von deinem Auto bis hin zu dieser feuchten, modrigen Kuhle in dem verlassenen Bunker im Moorwäldchen, weit draußen vor den Grenzen der Stadt. Weißt du, dass ich mich jahrelang an die Vorstellung klammerte, du hättest dort an ihrem kalten Grab, in dem du sie zurückgelassen hast, wenigstens ein kleines Gebet gesprochen? Dass du ihr mit den Blättern und Zweigen, mit denen du sie bedeckt hast, noch ein bisschen Wärme und Geborgenheit geben wolltest und nicht nur ein frühzeitiges Entdecken verhindern?

Ungezählte Jahre habe ich damit verbracht, dir jede erdenkliche Seelenqual zu wünschen. Damit, dass du endlich zur Rechenschaft gezogen wirst und Vergeltung geübt wird, für dieses Vergehen, das der Himmel aus unverständlichen Gründen zugelassen hat. Dass du deine gerechte Strafe erhältst. Allein die Vorstellung, dich leiden zu wissen, erschien mir als einzige und unausweichliche Wiedergutmachung dessen, was du mir genommen hast. Dabei schien mir keine Vergeltungsmaßnahme hart genug, um dem Gerechtigkeit widerfahren zu lassen.

Sei unbesorgt – heute bin ich weit davon entfernt. Was immer mit dir geschehen mag – ob dein Verbrechen aufgedeckt wird oder nicht – ob du dafür ins Gefängnis gehst oder nicht. Es kümmert mich nicht. Nicht mehr. Ich kann die Zeit nicht zurückdrehen, genauso wenig wie du. Wir alle können das Geschehene nicht ungeschehen machen. Heute möchte ich nichts weiter, als nur ein Mal, ein einziges Mal in das Gesicht des Menschen zu sehen, der zum Mörder meines Kindes wurde.

Du kannst mir meine geliebte Tochter nicht mehr zurückgeben, die gestohlenen Jahre, das ungelebte Leben – aber – ich bitte dich – gib mir und ihr endlich unseren letzten Frieden!

19. Die Liebe meines Lebens

»Vorsicht am Gleis zwei! Der Zug aus München fährt ein!« Die Stimme aus dem Lautsprecher klingt blechern und verzerrt. Mein Kopf rauscht, mein Magen krampft sich zusammen, die Hände werden feucht. Ich fühle mich, wie damals, mit sechzehn, beim ersten Rendezvous. Wenige Minuten später sehe ich ihn schon auf mich zukommen: Drahtig, jugendlich, trotz seines schon etwas schütter gewordenen, graumelierten Haares, die etwas speckige Reisetasche aus schwarzem Büffelleder lässig über die Schulter gelegt, springt er über den Bahndamm hinweg.

Nein, natürlich – ein Mann, wie er, macht sich nicht die Mühe, Treppen und Unterführungen zu nutzen. Er nimmt den direkten Weg und beweist damit seine Coolness. Als er mich sieht, lacht er, hebt die Hand und winkt. Er läuft auf mich zu und nimmt mich ganz fest in den Arm, als wolle er mich nie wieder loslassen. »Ich hab dich so vermisst«, flüstert er mir lachend ins Ohr. Mein Herz klopft bis zum Hals. Tatsächlich nur aus Freude darüber, ihn zu sehen, ihn wieder bei mir zu haben, nach diesen Tagen der Trennung, die uns beiden guttun und uns Gelegenheit geben sollten, erst einmal zur Ruhe zu kommen? Mir und auch ihm: Rudi, der seit einem knappen halben Jahr der Mann in meinem Leben ist.

Mein »Liebster«, wie ich ihn seit dem bei Freunden und Bekannten vorstelle. Der Mann, der für mich

Hühnersuppe kocht, wenn ich mich krank fühle und der mir morgens Espresso an mein Bett bringt, an dessen Decken und Kissen noch sein Schlafgeruch haftet, seine Wärme, seine Nähe. Der Mann, der sagt, er hätte sein Leben lang auf mich gewartet – nur auf mich und der sich wünschte, mich schon früher getroffen zu haben, weil dann so vieles anders gekommen wäre.

Nie hätte ich gedacht, dass man sich in unserem Alter noch so verlieben kann. Ich bin immerhin 61, Rudi 59, und wir benehmen uns, in unseren glücklichen Stunden, wie Teenager: verliebt, albern, weltvergessen. In unseren weniger glücklichen, leider genauso: egoistisch, eifersüchtig, infantil.

War es Zufall oder doch vielleicht Schicksal, dass wir beide uns trafen? Dass es mich hierher an den Kochelsee verschlug oder, dass ausgerechnet er, in diesem schicken Mehrfamilienhaus die kleine Wohnung gegenüber der meinen gemietet hatte? Dass wir schon am ersten Abend meines Einzugs mit einem Glas Champagner auf gute Nachbarschaft anstießen und uns nach wenigen Stunden bereits die intimsten Dinge aus unser beider Vergangenheit erzählten?

Das Leben geht mitunter seltsame Wege. Manchmal scheint es mir wie vorgezeichnet, wie eine Fügung, dass wir beide nun an diesen Punkt gelangten, zu dem es uns wohl – unaufhaltsam und unveränderbar – hinzog.

Gewiss, ich hatte mir nach all den Jahren des Herumreisens, des Suchens, des Immer-wieder-Aufbrechens schon lange einen Ort der Ruhe ersehnt. Nach all der Zeit, in der mich die Angst vor dem Altwerden plagte, vor dem Alleinsein, vor dem Verlust meiner Weiblichkeit, meiner Attraktivität, meiner beruflichen Existenz. Dabei suchte ich nicht mit aller Gewalt nach einem Mann, der mich ergänzte. Ich war nicht unglücklich mit meinem Leben. Ich hatte einen großen Bekanntenkreis, ein gutes Verhältnis zu meinen beiden Söhnen, besonders zu Bert, dem Jüngeren, wir telefonierten fast täglich. Ich arbeitete an Büchern und Texten für Zeitschriften und Journale. Aber dennoch fehlte etwas. Dieses kleine perfekte »Wir«, das es für mich wohl nie zu geben schien.

Dieser Ort hier am See erschien mir wie geschaffen für einen Neuanfang und immerhin gab es hier schon zwei meiner Freundinnen, die mir das Einleben erleichtern würden. Nun konnte ich endlich Wurzeln schlagen.

Ich hatte mich auf gemütliche Nachmittage in plüschigen Landhauscafes eingestellt, auf lange Spaziergänge am Seeufer, auf Besuche von Kunstgalerien und Ausstellungen, philosophische Gespräche bei trockenem Rotwein über Gott und die Welt! Aber auf die Liebe? Nein, auf die Liebe war ich nicht gefasst und sie traf mich mit aller Wucht.

Dabei schwebe ich sicher nicht auf Wolke sieben. Ich trage auch keine Scheuklappen. Ich bin nicht blind für das, was mich umgibt, und ich sehe sehr deutlich, wie schwierig es ist, eine Partnerschaft einzugehen mit einem Mann, der so viele Altlasten mit sich trägt, wie Rudi es tut. Und es ist sicherlich auch für ihn nicht leicht, mit einer Frau zurecht zukommen, die so eigenständig und frei gelebt hatte, wie ich. Eigen-Sinnig, wie er es nennt. Nach all den schlimmen Erfahrungen, die hinter ihm liegen. Er ist eben ein mehrfach gebranntes Kind. Kein Wunder also, dass er misstrauisch ist und manchmal überreagiert. Aber das wird sich legen, sobald er mehr Sicherheit gefunden hat, mehr Vertrauen darin, dass ich ihn nicht – wie all die anderen vor mir – verlassen werde.

Liebe auf den ersten Blick war es nicht gewesen, als wir uns sahen. Dennoch zog es uns zueinander hin, wie zwei Magnete. Rudi war im Grunde gar nicht mein Typ. Klein, eher schmächtig, ein blinkender Ohrring und immer darauf bedacht, lässig und cool zu wirken, aber durchaus gutaussehend, wortgewandt, ein guter Zuhörer und Gesprächspartner. Und diese Aura der Verletzlichkeit, die ihn umgab, all das machte ihn doch irgendwie zu einem attraktiven Mann.

Dabei leide ich sicher nicht an einem Helfersyndrom und vor toxischen Beziehungen habe ich mich schon immer gut zu schützen gewusst. Rudi ist auch nicht schwach. Er braucht keine Hilfe. Im Gegenteil: Er gestattet es mir, schwach zu sein, mich von ihm versorgen zu lassen und am Ende sind das doch genau die glücklichsten Stunden für uns beide: in denen er sich gebraucht fühlt, in denen er etwas für mich tun kann – ob es nun seine Hühnersuppe ist, der morgendliche Kaffee oder all die kleinen Reparaturen im Haushalt, um die er sich aufmerksam und fachgerecht kümmert.

Woher also kommt nur diese unerklärliche Furcht? Woher diese aberwitzigen Gedanken und Bilder in meinem Kopf? Ich sollte mich mit meinen eigenen Beziehungsängsten auseinandersetzen, ehe ich sein Verhalten als Grenzüberschreitung missinterpretierte. Ich bin einfach nicht gerecht!

Vielleicht sollte ich doch einige Therapiestunden buchen? Meine Freundin Susanne hat sicher Recht. Es ist nichts weiter als Projektion. Wer so lange ungebunden war, wie ich, kann sich nicht so einfach auf einen anderen Menschen einlassen. Dass es jetzt zu Nähe-Distanz-Problemen kommt, ist nur natürlich. Die typischen Herausforderungen der Singlegesellschaft.

Und dann auch noch meine Familiengeschichte! Angesehene und alteingesessene Freiburger Unternehmerfamilie. Generationen braver Kirchgänger und Katholiken, die treu und redlich jedes Jahr ihren Peterspfennig entrichteten und niemals Fragen an das Leben hatten, keine Widersprüche, keine Zweifel. Auch nicht darüber, aus welch fragwürdigen Quellen ihr angestammter Reichtum überhaupt kam. Nicht wie ich, die doch immer schon das schwarze Schaf gewesen war. Kein Wunder, dass ich schon so bald mein Elternhaus verließ. Diese Unruhe, die mich so quälte, die Schlafstörungen, die Albträume, das Zittern – all das hat sicherlich mehr mit meiner eigenen, ungelösten Vergangenheit zu tun, als mit den Ereignissen der Gegenwart. Ich darf nicht zulassen, dass unbegründete Ängste mein neu gefundenes Glück zerstören. Ich werde gleich am Montag bei dieser Therapeutin anrufen, die Susanne mir so dringend ans Herz gelegt hatte. Kann ja nicht schaden! Aber erst werde ich das Wochenende mit meinem Liebsten genießen!

Rudi und ich verlassen den Bahnhof und machen uns auf den Weg nach Hause. Sein Arm liegt schwer, fast drückend auf meiner Schulter, aber er ist so aufgekratzt, so fröhlich, dass ich es nicht wage, darum zu bitten, ihn herunterzunehmen.

»Stell dir vor! Es gibt gute Nachrichten«, sagt er und küsst mich auf die Schläfe. Ich versuche den Alkoholdunst, der ihn umgibt, nicht zu tief einzuatmen. Nur nicht kleinlich sein, was ist schon dabei, wenn man hin und wieder ein Gläschen trinkt? Sicherlich war auch er nervös und angespannt wegen des Wiedersehens. Wir hatten uns schließlich vor knapp einer Woche nach einem recht üblen Streit getrennt. »Die Wohnung in Berlin ist verkauft! Ich werde also für immer hier in Bayern bleiben! Freust du dich?«

Ich lege meinen Kopf an seine Schulter. »Ja, doch ... sehr.« Ach, dummes Herz, hör doch auf, so zu pochen!

Den restlichen Weg tauschen wir allerlei Trivialitäten aus – Oberflächliches, Alltäglichkeiten. Wie wohl das Wetter wird die nächsten Tage? Ob es wieder Föhn gibt? Anne und Peter, alte Freunde von mir, haben uns eingeladen, die Faschingstage im Allgäu zu verbringen.

»Allgäu?« Rudis Stimmung sinkt jetzt abrupt »Also, ich glaube nicht, dass ich große Lust auf Luftschlangen und angesagte Fröhlichkeit habe.«

»Aber, du kennst die beiden doch! Sie sind sehr nett und weit entfernt von angesagter Fröhlichkeit. Man kann sich doch sehr gut mit ihnen unterhalten.«

»Ja, er mit dir vielleicht! Er scheint ja immer noch scharf auf dich zu sein!«

»Aber, Rudi, ich bitte dich! Das ist fast 40 Jahre her, lange ehe er Anne kennenlernte und wir alle lachen doch längst darüber.«

»Ach, ja? Ich finde, du hast sehr geschmeichelt reagiert, als er dir das bei unserem letzten Treffen sagte.«

»Rudi, bitte, lass uns nicht gleich wieder streiten! Wir müssen auch gar nicht ins Allgäu fahren. Es ist doch nicht wichtig!« Ich erinnere mich noch sehr gut, an seine Reaktion auf Peters harmlose Äußerung. Er bestand darauf, dass wir sofort aufbrechen und zurück an den Kochelsee fahren sollten. Spät nachts, bei heftigstem Schneetreiben, keiner von uns nüchtern. Welch ein Wahnsinn. Besser nicht daran rühren!

Aber Rudis Gesicht hat sich bereits verdüstert. Seine Freude und Überschwänglichkeit sind wie ausgelöscht. Ich spüre, dass da noch etwas anderes ist, das ihn quält.

In der Wohnung angekommen, koche ich uns erst einmal Tee. Wir setzen uns aufs Sofa. »Na komm!« Ich schmiege mich an ihn. »Da ist doch noch etwas. Sag es mir!«

»Ach, es ist nicht der Rede wert. Es gab da wieder Vorfälle im Internet. Du weißt schon, irgendwelche frustrierten Emanzen, die besessen sind von ihrem Hass auf Männer, übereifrige Möchtegern-Journalistinnen, die sich mit irgendwelchen Real-Crime-Reportagen hervortun möchten. Dann graben sie irgendeinen Mist aus, nach dem kein Hahn mehr kräht, nur um sich wichtig zu machen.«

»Wen meinst du? Diese Frau mit ihrem Blog, diese Lisa?«

»Ja klar. Diese alte Giftmischerin breitet wieder ihre Geschichten im Netz aus. Der müsste es nur mal wieder einer richtig besorgen. Dann würde es ihr schon vergehen.«

»Ich bitte dich! Sprich nicht so! Du weißt, ich ...« Es ist eine Gratwanderung ihn jetzt auf die richtige Gedankenspur zu bringen. Ich weiß um diese Sache mit Lisa, eine der unzähligen Verflossenen Rudis, die immer wieder behauptet, er hätte sie vergewaltigt, geschlagen und eingesperrt. Natürlich lügt sie und ich verstehe seinen Zorn. Aber ich kann diese Ausdrucksweise, zu der er sich in solchen Momenten der Rage hinreißen lässt, nicht unwidersprochen lassen.

»Was weiß ich?« Rudis Stimme überschlägt sich jetzt. »Was? Ich weiß nur eines: dass diese Nutte einfach ungestraft ihre Unglaublichkeiten verbreitet. Nur weil ich sie gevögelt habe. Die Ohrfeigen, die sie kassierte, bekam sie zu Recht. Das war keine Misshandlung! Und jetzt, jetzt behauptet sie auch noch, ich hätte Maria ermordet! Ermordet! Dabei weiß sie nichts von der Sache damals in Frankfurt, überhaupt nichts! Eifersüchtig ist sie, weil ich sie verlassen habe. Nur deshalb will sie mein Leben zerstören, durch gemeine Lügen. Aber so ist unsere Gesellschaft! Sie darf mich öffentlich mit Dreck bewerfen, mich einen Mörder nennen, obwohl ich für das, was geschehen ist, gebüßt habe. Jahre meines Lebens im Gefängnis. Glaubst du vielleicht, das ist ein Zuckerschlecken? Glaubst du das?« Rudi kommt jetzt erst so richtig in Fahrt. Ich weiß, ihm jetzt zu widersprechen, wird die Sache nur schlimmer machen.

»Du stehst natürlich auch auf Seiten der Frauen. Da seid ihr euch einig! Ihr armen Opfer. Niemand hat gesehen, wie dieses Luder mich provoziert hat, mich betrogen und hintergangen, all die Jahre. Maria hat nichts Besseres verdient, als diese Kugel.«

Ich versuche, ihn zu beruhigen, fasse ihn am Arm. »Bitte Rudi, das stimmt doch nicht. Ich bitte dich, lass es ... es ist vorbei!«

»Nein, es ist nicht vorbei! Nie! Du, du bist nicht besser als all die anderen! Schlampen seid ihr, nichts als Schlampen!«

Rudi schlägt meine Hand weg, springt auf, läuft hinüber in die Küche. Ich höre ihn fluchen, Schubladen auf- und zuschlagen. Jetzt nimmt er die Cognacflasche aus dem Schrank, gießt sich ein Glas ein.

Was soll ich tun? Ich muss ihn irgendwie ablenken. Er muss raus aus diesen düsteren Gedanken und ich auch ... ich ... ich ... sollte einfach nichts mehr sagen. Halt einfach die Klappe! Kein Öl ins Feuer gießen! Er beruhigt sich schon wieder. Ich werde jemand anrufen. Wenn er hört, dass ich mit jemanden spreche, kriegt er sich wieder ein.

Ich versuche es bei Susanne ... niemand meldet sich. Ach ja, sie ist mit Freunden weggefahren, in die Berge, sicherlich kein Empfang. Wilfried ja, Wilfried, mein ehemaliger Chef aus der Agentur. Er ist immer kühl und nüchtern und Rudi mag ihn, vielleicht kann er ihn wieder runterholen. Aber auch hier nur die Mailbox. Ich bitte um Rückruf, versuche irgendetwas zu erzählen, von einem neuen Theaterstück, Reiseplänen, die ich habe ... irgendetwas, nur um diesem Wahnsinn hier zu entkommen. Er ruft sicher bald zurück. Hoffentlich. Sonst bleib nur noch Bert. Aber was soll ich ihm nur sagen? Dass Mama Angst vor ihrem neuen Freund hat? Nein, derartige Probleme sind nicht Sache der Kinder, egal wie alt sie sind.

Während ich verzweifelt auf meinem Handy nach weiteren Kontakten suche, fällt plötzlich ein Schatten über mich – Rudi! Ich habe gar nicht gehört, dass er aus der Küche kam, und jetzt, jetzt sehe ich das Messer in seiner Hand.

Gedankenfetzen in meinem Kopf. Er wird mir doch nichts tun. Nein, nicht er. Nicht mir. Ich denke an das Sicherheitstraining, das ich irgendwann, vor Jahren, absolvierte. Ein Kurs in Selbstverteidigung. Aber was? Wie? Ich ... ich muss vom Sofa weg. Aufstehen! Weglaufen! Mein Kopf rauscht. Ich versuche hochzukommen, aber schon spüre ich einen Stoß gegen meinen Hals, dann noch einen, sehr viel heftiger an der Brust, er wirft mich zurück.

Was passiert hier? Woher kommt plötzlich dieses Blut? Ich blicke voller Unverständnis zu Rudi hoch, sehe sein hassverzerrtes Gesicht, den Mund weit aufgerissen, Spuckefetzen vor seinem Kinn. Ich verstehe nicht, was er sagt. Ich höre Schreie, laute schrille Schreie. Das bin ich. Das sind meine eigenen Schreie, sie hallen in meinen Ohren.

Vielleicht hört mich jemand. Vielleicht ein Nachbar, vielleicht ein Fußgänger draußen auf dem Gehsteig. Vielleicht ... irgendwer, der mir helfen kann. Vielleicht kommt jemand zu Hilfe! Hilfe! Hilfe ...

20. Frei!?

»But I'm a creep
I'm a weirdo
What the hell am I doin' here?
I don't belong here.«[1]

Der Song läuft in Endlosschleife auf meinem Player. Ich betrachte mein Gesicht im Spiegel. Wer ist diese Fremde, die mir entgegenblickt? Ein *creep*, ein *weirdo*? Wer bin ich? Gibt es mich überhaupt? Und wenn ja, werde ich diesem Irrsinn je entkommen?

Meine Gedanken reisen zurück an jenen Tag, an dem ich hoffte, mein Leben würde endlich beginnen. Es war einer jener seltenen Augenblicke, in denen ich die Wohnräume im Erdgeschoss betreten durfte, um nötige Hausarbeiten zu erledigen. Und ich erlebe dieses Szene zum tausendsten Mal, gerade so, als wäre es heute:

Er – ich nenne ihn nicht bei seinem Namen, es ist das Einzige, das ich ihm je verweigern konnte – draußen im Garten, wie er wütend mit der neuen Heckenschere die dichte Thujahecke malträtiert. Das Gesicht hochrot und verzerrt, laute Flüche aussto-ßend. Dann mein Blick auf die offene Gartentüre. Er hatte vergessen sie zu schließen, als er vom Baumarkt zurückkam. Ich überlege nicht lange, mein Atem stockt für einen kurzen Moment. Jetzt oder nie! Dann renne ich los, mein Herz klopft, raus durch den Garten

---

1 *Thom Yorke, Radiohead „Creep"*

auf die Straße. Das Blut rauscht in meinen Ohren, ich keuche, meine billigen Flipflops rutschen von meinen Füssen. Ich stolpere, strauchle, fange mich wieder, laufe weiter, immer schneller, nur weg, weg von hier. Meine Lungen brennen. Irgendwann sehe ich Menschen. Ich höre mich selbst rufen und schreien, wage es aber nicht stehen zu bleiben, haste einen kleinen Weg entlang, zwischen Schrebergärten hindurch. Ist er hinter mir? Ist das sein Atem, der kühl und feucht auf meine schweißnasse Haut trifft? Ich spüre nahezu, wie seine grobe Hand mich am Nacken packt und zurück zerrt. Nicht aufgeben, lauf weiter, lauf! Gib nicht auf, sonst bist du verloren!

Plötzlich tauchen vor mir zwei Männer auf – sie kommen direkt auf mich zu.

»Hilfe, bitte rufen sie die Polizei!« Beide starren mich erstaunt an. Einer von ihnen lacht, murmelt etwas Unverständliches, zuckt mit den Schultern, dann gehen sie einfach an mir vorüber.

Aus! Es ist alles aus und verloren! Zitternd und keuchend stehe ich am Randstein – was soll ich nur tun? Mit letzter Kraft klettere ich über den nächstbesten Zaun, nehme meinen Mut zusammen und klingle an einer Tür. Niemand öffnet. Aber dann sehe ich eine Frau am offenen Fenster. Ich klopfe an den Rahmen. »Bitte, helfen sie mir! Bitte, bitte rufen sie die Polizei! Ich bin entführt worden! Helfen sie mir! Bitte!« Die Frau sieht mich misstrauisch an. Sie überlegt. Dann endlich: »Na gut! Aber Sie bleiben, wo sie sind! Kommen sie keinen Schritt näher!« Sie schlägt das Fenster zu. Ich stehe zitternd davor – allein und frei! Zum ersten Mal seit neun Jahren!

Meine Geschichte war die Enthüllung des Jahrzehnts, nicht nur alle deutschsprachigen Gazetten glänzten täglich mit neuen Schlagzeilen, nein TV-Sender, Journalisten und Pressevertreter aus aller Welt rissen sich um ein Interview mit mir. Ich wurde herumgereicht, wie ein reifer Apfel. Unzählige Male erzählte ich das Drama meiner Entführung. Wie es war, als er mich damals – gerade einmal achtjährig – vom Spielplatz weglockte und in seinen Wagen zerrte. Wie es war, mein Leben auf gerade einmal 5 qm in einem Kellerverlies eingesperrt? Wie es war, seine Sklavin und Leibeigene zu sein? Ob ich mich schuldig fühlte, jetzt, da er sich nach meiner Flucht das Leben genommen hatte, in dem er sich eine Kugel in den Kopf jagte?

Und ich antwortete brav auf jede noch so demütigende Frage. Ich erzählte alles. Dumm und naiv, wie ich war, ließ ich mich auf jedes mediale Spiel ein. Auf die Homestory mit meiner Großmutter, der damals das Sorgerecht für mich zugesprochen wurde, weil meine Mutter dazu nicht in der Lage war, nachdem mein Vater uns verlassen hatte. Sie, tränenreich in Szene gesetzt, mit einem Foto, das uns beide in glücklichen Tagen zeigte, umrahmt von einem schmuddeligen, vergilbten Passepartout in einem zerbrochenen Rahmen, als aussagekräftiges Symbol unserer zerrütteten Familiengeschichte. Dem folgten Auftritte in Talkshows. Mein Gesicht in Großaufnahme, die starren Züge, die Lider flackernd, weil ich es nicht gewöhnt war, mich auf einen Gesprächspartner zu konzentrieren, in ein anderes Augenpaar zu blicken. Meine Sprache, wie ich dachte, klug gewählt und doch nur erlernt aus den Fernsehsendungen, die er mir zu sehen gestattete. Es gab für mich in meiner Gefangenschaft kein Gegenüber, es gab keinen Austausch, keine Reaktionen und Antworten auf Fragen, die andere Kinder zu stellen gewöhnt sind. Meine Welt war eine künstlich geformte und genauso benahm ich mich.

Was wusste ich schon von den Regeln der Gesellschaft? Von all den unausgesprochenen Normen und Konventionen? Von den Mechanismen der Unterhaltungsbranche?

Ich sog jede mir gewährte Aufmerksamkeit auf, wie ein Schwamm. Ich wurde endlich gesehen, endlich gehört. Meine Tortur war vorüber und niemand hatte mich davor gewarnt, dass sie in Wahrheit erst begann.

Dann nämlich, als die erste Welle der Zuwendung, von einer Woge der Ablehnung und der bösartigen Sensationslust abgelöst wurde. Ich war dumm genug, alles für bare Münze zu nehmen, was man mir gab, alles für die lang erhoffte und in endlosen dunklen Stunden erbetene schützend-mütterliche Hand zu halten, die man mir endlich entgegenhielt. Für mich schien alles echt: die Aufmerksamkeit, die Neugierde, die Anteilnahme, das Mitgefühl. Ich sonnte mich in dem Licht, nach dem ich mich all meine einsamen

Nächte hindurch immer gesehnt hatte. Endlich geliebt und endlich nicht mehr allein!

Wie konnte ich ahnen, dass man sich insgeheim über mich lustig machte, über meine Aussprache, meine Gestik, meine Mimik? Dass ich nicht mehr war, als eine Schlagzeile, die morgen schon durch eine noch spektakulärere ersetzt sein würde? Ausgetauscht durch einen größeren Skandal, ein morbideres Verbrechen, durch noch mehr Unterstellungen, noch mehr Schmutz und noch mehr Geheimnis, das es gnadenlos zu enthüllen galt.

Aber, was habe ich getan, um das zu verdienen? Woher kam dieser Hass, diese Häme? War mein Wunsch, ich selbst zu sein, ein Verbrechen? Was erwartete diese Welt von mir?

Die ersten negativen Pressemeldungen rauschten wie eine gewaltige Lawine über mich hinweg, begruben mich unter sich, rissen mich mit sich und brachten alles, was ich glaubte, mir geschaffen zu haben, zum Einsturz.

»Erneute Ermittlungen der Staatsanwaltschaft...«

»Welche Rolle spielt sie wirklich?«

»Alles nur Lüge?«

Über Nacht wurde jedes Wort, das ich sagte, zum Hirngespinst erklärt, zur überbordenden Fantasie einer geltungssüchtigen jungen Frau. Wie eine Meute von Wölfen hetzten mich plötzlich diejenigen, die sich eben noch meine Beschützer nannten, durch den

Dschungel der Medien. Hassschreiben füllten Mailbox und Briefkasten und mein Telefon stand nicht mehr still. Mit einem Mal war ich ein »Schräger Vogel«, ein Creep, ein Weirdo. Das Mädchen, das den erwachsenen Mann verführte, das sich Lügenschichten ausdenkt, das ihn Wahrheit mit dem angeblichen Entführer in die Ferien fuhr und Tango tanzte. Mit einem Mal nicht mehr Opfer, sondern Täter.

Man ließ kein gutes Haar mehr an mir. Meine Art zu sprechen, mich zu bewegen, meine Frisur, meine Kleidung, mein Gewicht – alles an mir war plötzlich hassenswert.

Wisst ihr eigentlich, wie weh dieser Hass tut? Wisst ihr wirklich um meine Ängste und Sehnsüchte? Wisst ihr, wie ein Kind sich fühlt, eingesperrt, allein, in einem dunklen Keller und nur dein Kerkermeister entscheidet darüber, ob du Licht oder Nahrung bekommst? Wisst ihr eigentlich, was ihr tut?

Nein, das wisst ihr nicht! Ihr steckt schon lange in den Planungsphasen eurer nächsten Talkshows, in denen ihr immer weiter die Seelen immer neuer Opfer zerpflückt, nennt sie – solange es euch beliebt, eure »Honigmäulchen«, weil sie euch – für eine Weile zumindest – all den klebrig-süßen, verderbten Schmutz in eure Ohren flüstern, von dem ihr in euren angepassten, spießigen Leben insgeheim träumt.

Ihr treibt weiter euer Schindluder mit all jenen, die in eure Fänge geraten.

Ihr seid nichts weiter als Mistkäfer, die Tag für Tag

im Dreck wühlen – während ich mich aus meiner eigenen Kraft heraus über euch erheben werde – wie eine Schwalbe durch dichte Baumkronen hindurch der unendlichen Weite des Himmels entgegen! Ich bin kein Creep, kein Weirdo, kein Opfer! Ich bin frei!

21. Kleinstadtleben

Hildes Denken drehte sich wieder einmal im Kreis. Nein, viel schlimmer noch, es schien zu wabern, diffus, wie aus einem dichten Nebel heraus, der sich nicht und nicht lichten wollte. Aus den Lautsprechern ihres Kopfhörers hallte das helle Tönen von Klangschalen und Zimbeln, unterlegt mit dem fast überlauten Plätschern eines Gebirgsbaches, ab und an das Zwitschern eines Vogels. Sie versuchte der monotonen, etwas mechanisch wirkenden Stimme in ihren Ohren zu folgen: »Lass alles kommen und gehen ... jeden Gedanken ... jeden Atemzug ... kommen und gehen!«

Nichts ging! Verflucht! Gar nichts ging. Nicht einmal der leise Hauch einer Annäherung an den Zustand innerer Ruhe und Gelassenheit. Ihre Nerven waren zum Zerreißen gespannt. Jeder Gedanke kreiste sie ein, fraß sich in ihre Hirnrinde, zwang und fesselte ihre Aufmerksamkeit in die ewig mäandernden Schleifen ihrer inneren Verwirrtheit. Es war zum Verzweifeln.

Jetzt saß sie schon seit einer geschlagenen Stunde mit verschränkten Beinen, die schon lange eingeschlafen waren, hier auf diesem sündteuren Meditationskissen, die Finger bis zur Verkrampfung zu einem Mutra der Heilung geschlossen und nichts passierte. Nichts, außer dass sie schreien könnte. Keine Erleuchtung, keine Erscheinung, keine mediale Eingebung.

Das einzige, das wie ein immer wiederkehrender Spuk vor ihren geschlossenen Lidern auftauchte, als wäre es dort eintätowiert, war das Gesicht ihres Mannes, Johann. Sein haarloser Schädel, der grimmige Blick der wässrig-blauen Augen, die wulstigen Lippen unter den gezwirbelten Enden seines buschigen Schnauzbartes. Oh Gott!

Johann! Das Letzte, woran sie denken wollte, war Johann. Konnte sie ihn denn nicht wenigstens für eine halbe Stunde vergessen? Es war ein Albtraum. Warum nur hatte sie es überhaupt so lange mit ihm ausgehalten? Mit seinen Launen, seiner Rechthaberei, seinen schmatzenden Kaugeräuschen bei Tisch, seinem lauten Rülpsen, ehe er aufstand und ihr die Teller zum Abräumen hinterließ, seinen schweißgetränkten Socken, die allabendlich, wie tote Ratten auf dem Badezimmerteppich lagen, seinem Schnarchen in der Nacht. Mit den blutbesudelten Kleidern, die er ihr wortlos, mit vor Tötungslust glänzenden Augen, zum Waschen vor die Füße warf, wenn er von seinen erfolgreichen Jagdausflügen zurückkam. Oder seinem Zorn und seiner üblen Laune, die er versprühte, wenn seine geladene Büchse das Ziel verfehlt hatte. Mit seinen Altherrenwitzen, die er in Gesellschaft anderer so gerne auf ihre Kosten riss, ohne zu merken, wie peinlich und abgestanden sie doch waren.

Damit, dass sie auf ihren gemeinsamen Urlaubsreisen mittags schon mindestens eine halbe Flasche Rotwein oder drei Dosen Bier vom All-inclusiv-Buffet brauchte, um seine Anwesenheit überhaupt zu ertragen? Dabei hätte sie gerade auf diese anstrengenden Reisen so gerne verzichtet. Auf dieses Eingepferchtsein in Billigflieger und enge Reisebusse, die sie bei tropischen Temperaturen von einer Verkaufsmesse zur nächsten Leder- oder Teppichfabrik karrten. Sie hasste diese fremden Länder, die Hitze, die Gerüche. Und fremde Kulturen interessierten sie schon überhaupt nicht. Grand Canyon, die Freiheitsstatue, das Taj Mahal in Indien, goldüberladene thailändische Tempel, liegende Buddhas oder protzige, saudische Hotelanlagen, überall dichtgedrängt mit hunderten Menschen, durchgetrieben, wie Viehherden – wie sehr sie das im Grunde doch hasste.

Wären da nur nicht die Nachbarn gewesen. Was hätten die bloß gedacht? Dass sie sich Karibik und Fernost nicht leisten konnten? Nein, soweit sollte es noch kommen. Gerade in der Zeit, in der die Hinterbergers aus der Reihenhaussiedlung braun gebrannt von einer sechswöchigen Kreuzfahrt zurückgekehrt waren und Müllers von Ecuador, Peru und Chile schwärmten. Oder die Bierhausers, die eben mit einem nagelneuen Wohnmobil, ausgestattet mit allen erdenklichen Sonderschikanen, Richtung Spanien aufgebrochen waren? Was blieb ihr anderes übrig, als zu sagen, dass dies alles schon längst ganz oben auf der Wunschliste ihrer eigenen Reiseziele stand?

Ach, warum war ihr Leben nur so schwer? Hatte sie nicht ein wenig Leichtigkeit verdient? Warum nur hatte sie niemand gewarnt?

Wie hätte es denn das alles wissen können, als sie sich, vor fast vierzig Jahren, siebzehnjährig, in Johann verliebte? Johann Jandl, Anwärter im mittleren Polizeivollzugsdienst. Damals, als sie sich kein schlimmeres Szenario ausmalen konnte, als eine Zukunft als Fleischereifachverkäuferin? Jeden Tag von sechs Uhr morgens bis sechs Uhr abends, auf dem eisigen Fliesenboden, den zotigen Witzen und kalten Fingern der Metzgergesellen ausgeliefert. Dieses Anbiedern an die grantige Kundschaft: »Guten Morgen, Frau Doktor ... Aber bitte, Herr Pfarrer« Nein, nein, für diese Arbeitswelt war sie nicht geschaffen, das wusste sie schon früh. Sie hatte andere Pläne: ein schönes Heim, Kinder und ein sorgenfreies Leben. Johann war damals der Einzige, der sie aus diesem Käfig befreien konnte. Sicher, ein Prinz in schillernder Rüstung war er nicht, aber wenigstens ein bisschen fesch. Zumindest solange er diese schmucke grüne Uniform trug.

Tagtäglich, pünktlich um halb zehn – man hätte die Uhr danach stellen können – kam er in den Laden um die dick mit Senf bestrichenen, heißen Leberkässemmeln für die Kollegen zu holen. Und sie wusste nur zu genau, dass er nur wegen ihr so gerne kam. Ein wenig freilich auch wegen dem Leberkäs‘, für den die Metzgerei ja schließlich berühmt war. Aber er ließ jedes Mal andere Kunden vor, wenn sich eine der Verkäuferinnen seiner annehmen wollte und wartete, bis sie endlich so weit war, ihn an der »Heißen Theke« zu bedienen.

Sie erinnerte sich noch gut, an diesen ersten, feuchten Kuss, der nach Hendlmaier, bayrisch-süß mit Meerrettich schmeckte, dem Grobkörnigen, am Hintereingang zum Schlachtraum der Metzgerei, zwischen Abfallcontainern und Schweinehälften. An diesen kalten, metallischen Geruch von Blut und rohem Fleisch. Eigentlich wusste sie doch damals schon, dass sie nicht wirklich in ihn verliebt war. Aber Johann gab ihr ein Versprechen auf eine Zukunft als angesehene Beamtengattin. Dafür war der Preis einiger feuchter Küsse sicherlich nicht zu hoch und im Grunde war sie durchaus bereit, auch etwas mehr dafür zu bezahlen.

So wurde sie schon recht bald seine Frau. Frau Hildegard Jandl. Das erste Kind mit achtzehn, aber zum Glück noch geheiratet im vierten Monat, ehe sich ein sichtbares Bäuchlein unter dem teuren Brokatdirndl abzeichnen konnte. Was hätten sonst die Leute gesagt? Sie hatte ja eigentlich gar keine andere Wahl. Als Spatz in der Hand erschien ihr Johann immer noch verlockender und vor allem greifbarer als eine noch so schöne Taube, irgendwo hoch oben auf einem unerreichbaren Dachgiebel.

Johann war solide – ein bisschen einfältig vielleicht – aber solide. Er baute ihr das gewünschte Haus und zahlte, pünktlich, wie er halt nun einmal war, die Raten mit seinem sicheren Beamtensold, der regelmäßig auf das Konto kam. Darauf konnte sie sich verlassen. Genauso regelmäßig und verlässlich kamen dann die Kinder. Alle zwei Jahre eines – vier an der Zahl. Sicher hatte sie mitunter darunter gelitten, dass ihr Leben nur aus Hausmüll und Wäschebergen zu bestehen schien. Und auch darunter, dass die Bezüge eines mittleren Beamten, wie sie feststellen musste, nicht so hoch waren, wie erhofft.

Aber die Dinge waren kontrollierbar. Von ihr kontrollierbar. Johanns Ansprüche waren nicht allzu hoch, solange das Essen pünktlich auf dem Tisch stand. Und auch das folgte einer immerwährenden Regelmäßigkeit: Sonntags: Schweinebraten mit Knödel nach dem Rezept seiner Mutter, montags: Rippchen mit Kraut, dienstags: Schnitzel mit Kartoffelsalat, mittwochs: Gulasch vom Rind, manchmal auch vom Hirsch, man saß ja an der Quelle, donnerstags Schweinekotelett mit grünen Bohnen und freitags, wie es sich im katholischen Bayern gehörte, Fisch. Der Samstag gehörte, kulinarisch gesehen, Johann. Samstags stand er, angetan mit Schürze und Fleischmesser am Herd. Im Sommer natürlich draußen im Garten am Hightec-Grill mit Smoker, briet Rinderstakes aus Japan oder den schottischen Highlands. Dann erklärte er ihr, dass Kochen, also das richtige Hantieren mit fleischlichen Produkten, im Grunde doch eine reine Männersache war. Das Spülen, Saubermachen und Aufräumen hinterher blieb natürlich ihre Sache als Frau.

Nur einmal, ein einziges Mal, hatte sie es gewagt, aus dem monotonen Kreislauf der ständigen Wiederholungen auszubrechen, indem sie gebratene Tofustreifen mit Salat servierte. Johann war außer sich. Er konnte einfach nicht verstehen, dass sie gar keine andere Wahl hatte, als unter den beobachtenden Blicken der anwesenden Kundinnen im Bioladen, »etwas Gesundes« zu kaufen. Umgeben von Vegetarierinnen konnte sie doch nicht den Eindruck erwecken, sie verstünde nichts von bewusster Lebensführung und zeitgemäßer Ernährung. Dabei war sie nur froh, dass keine der Umstehenden Zeuge der vorher in der Metzgerei geführten Gespräche geworden war, über »militante Veganer, die einem den Spaß am Leben verderben würden und die man alle wegsperren müsste, genauso wie diese Klimaterroristen und Genderidioten«, und betete still, dass die eineinhalb Kilo Schweinefleisch und die scharfe Knoblauchsalami in ihrem leinenen Einkaufsbeutel, nicht zu olfaktorischen Verrätern ihrer inneren Haltung wurden, während sie erklärte: »Mein Mann und ich, wir essen ja schon lange kein Fleisch mehr!« Und zur Sicherheit noch hintendrauf: »Nur ab und zu – aber dann halt bio!«

Zwei Wochen hing der Haussegen schief und sie kehrte schnell und gerne wieder zur gewohnten Küchenroutine zurück. Tofu war halt auch nicht so wirklich das Ihre.

Wenn die Kinder in der Schule waren, Johann im Amt, gehörte der Tag ihr – zumindest stundenweise. Alles lief nach Plan: Morgens um sechs aufstehen, Johanns Unterwäsche, Socken, Hemd und Uniform, von jedem Staubfusel befreit, lagen bereit, die schwarzen Halbschuhe blitzten, Kaffee, Marmelade – selbst eingekocht, versteht sich – Semmeln und Eier standen auf dem Tisch. Sobald die Türe hinter ihm ins Schloss fiel, griff sie zu Wischeimer und Besen, fegte die Böden, wedelte mit dem Staubtuch, schrubbte die Toilette, jeden Montag Fensterputzen, jeden Mittwoch Vorhaus, Garteneingang und Gehsteig kehren, freitags Balkon und Terrasse. Niemand konnte ihr vorwerfen, sie wäre keine gute Hausfrau. Sie kannte ihre Pflichten nur zu genau.

So bald diese erledigt waren, machte sie sich – ein wenig zurechtgemacht – auf den Weg hinunter in die kleine Stadt, um ihre Einkäufe zu erledigen. Sie nickte freundlich, wenn sie an den Läden vorüberging, erkundigte sich in der Apotheke, dem Vorzimmer des Bürgermeisters oder der Redaktion der Heimatzeitung nach dem Befinden, hielt kurzen Plausch, mal hier, mal dort. Hielt sich nie zu lange auf, immer mit Blick auf die Uhr, damit niemand sagen konnte, sie hätte wohl nichts zu tun. Sie wusste Bescheid über die Dinge, die hier am Ort geschahen und auch über die, die erst noch geschehen würden – oft sogar schon lange vor den Betreffenden selbst. Sie sah mit geübtem Kennerblick, wer in guter Hoffnung war und für wen bald die Hochzeitsglocken läuten würden, wem eine Diät anzuraten wäre, wer sich um einen Termin beim Scheidungsanwalt bemühte, wessen Kinder Marihuana rauchten oder schlimmere Drogen zu sich nahmen, wer sich siech und krank in seiner letzten Lebensphase befand und wessen Geschäft die nächste Steuerprüfung wohl nicht mehr überstehen würde.

Gewiss, sie kannte all die bösen Zungen, die hinter ihrem Rücken behaupteten, sie würde Kleinstadtklatsch verbreiten. Aber darauf gab sie nichts. Neidisches Geschwätz, nur weil sie sozial eingebunden war. Man erzählte ihr die Dinge, weil man ihr vertraute. Sie war eine von hier und sie gehörte hierher! Wenn doch nur alle so weit von übler Nachrede entfernt wären, wie sie. Sie zeigte Anteil, nicht mehr und nicht weniger. Und dass sich so mancher vorhergesagte Todesfall oder Konkurs nicht einstellte, war nicht ihre Schuld. Derartige Gerüchte wurden von anderen in die Welt gesetzt – sicherlich nicht von ihr! Meist konnte sie sich nicht mehr daran erinnern, wer ihr diese Informationen zugetragen hatte. Die Leute redeten eben. Aber sie war mit Sicherheit die Letzte, der man so etwas vorwerfen konnte. Sie hatte sich um Wichtigeres zu kümmern, als um das Leben anderer Leute. Sie hatte Kinder, einen Mann und – nicht zuletzt – ein Haus, das es zu versorgen galt.

Aber seit einigen Jahren waren diese Kinder nun aus dem Haus. Dafür aber war Johann in Selbiges zurückgekehrt. Mit dem Tag seiner Pensionierung nämlich. Von einer Stunde auf die andere, war ihr Leben auf den Kopf gestellt. Vorbei waren die Tage der Selbstbestimmtheit. Vorbei die Besorgungen in der Stadt. Vorbei das kleine, immer so anregende Gespräch mit dem Weinhändler. »Ach ...!« Hilde seufzte, als sie spürte, wie allein der Gedanke an ihn die Nerven rund um ihren Nabel vibrieren ließ. Was war das nur für ein Mann! Hochgewachsen, schlank, die feinen, aristokratischen Gesichtszüge dominiert durch eine schmale, leicht gebogenen Nase, das dunkle, halblange Haar wie ein Schleier vor seinen Wangen, der Blick seiner Augen, eine Mischung aus Arroganz und Adel, die rechte Hand halb geöffnet, als würde er einen Kelch edelster Tropfen darin schwenken. Allein schon der samtige Klang seiner Stimme, wenn er, leicht näselnd, zu ihr sagte: »Aber, Frau Jandl, es ist mir selbstverständlich eine Ehre, ihre rudimentären Weinkenntnisse ein wenig zu erweitern«, während er die Kisten mit dem italienischen Brunello oder dem französischen Chatteau La Minotte in den Kofferraum ihres Kleinwagens hob.

Johann durfte niemals erfahren, wie teuer dieser Rotwein war. Ihm erzählte sie von Aldi oder Lidl. Aber, was wusste dieser Mann schon? Seine Welt war die der Gesetze, der Regeln und Vorschriften. Ein Schreibtischmensch, der seine höchste Erfüllung fand, wenn er mit einem Gewehr durch den morgendlichen Wald strich oder mit einer Bierdose in der Hand ein Stück Fleisch auf seinem Smoker briet. Er wusste nichts von Kultur und edler Lebensart oder gar vom Klang einer Stimme, die jeden Euro wert war. Der Weinhändler aber, das war ein Mann von Welt! Bei jedem seiner Worte, und wären sie auch noch so unbedeutend, hätte sie vor ihm auf Knie sinken können! Und jetzt: keine kleinen, gemütlichen Pläusche mehr, keine Besuche in der Weinhandlung, im Bioladen, in der Metzgerei. Aus!

Von nun an fuhr Johann sie mit dem Mercedes zu Penny und wartete auf dem Supermarktparkplatz, den Blick starr auf die Uhr gerichtet, die Finger am Lenkrad trommelnd, dass sie mit vollbeladenem Einkaufswagen wieder vor ihm stand.

War sie morgens mit dem Hausputz fertig, fing er an, im Garten Büsche zu stutzen, Holz für den Winter zu schneiden, und sie musste ihm dabei zur Hand gehen. Er richtete sich eine Werkstatt im Keller ein und verbot ihr von da an, Handwerker zu rufen, sobald es etwas zu reparieren gab. Die Folge: Drei Totalstromausfälle in kürzester Zeit, angetaute Vorräte in der Kühltruhe, ein überschwemmter Keller aufgrund einer fehlerhaft zusammengebauten Waschmaschine, ein Kurzschluss im Espressoautomat, bei dem gerade noch in letzter Sekunde ein Zimmerbrand verhindert werden konnte.

Ihr Leben war ein einziges Chaos geworden!

Sie war mit den Nerven am Ende. Nirgendwo zeichnete sich in all dieser Düsternis ein Lichtstrahl ab, kein Regenbogen weit und breit, der Zuversicht und Hoffnung versprach. Kurzum keine Aussicht darauf, dass die Situation sich in den nächsten Jahren auch nur annähernd verbessern würde.

War es ihr wirklich zu verdenken, dass sie – aus dieser puren Verzweiflung heraus – nach diesem Strohhalm griff, der sich für sie am Ende leider wieder nur als weiterer Fallstrick erwies?

Gut, vielleicht war die Idee, sich aus der Handlung eines Vorabendkrimis inspirieren zu lassen, doch ein wenig naiv. Das musste sie eingestehen. Vielleicht hätte sie auch ihre Recherche im Internet besser noch einmal überprüft. Sich wegen der Dosierung und der Verabreichung des Medikaments bei fundierten Quellen erkundigen müssen. Ja, aber jetzt war es zu spät.

Jetzt war Johann pflegebedürftig, lag, 24 Stunden, an Schläuchen und Geräten angeschlossen, in dem zum Krankenraum umgestalteten Wohnzimmer, das mit den teuren Eichenmöbeln einst ihr ganzer Stolz gewesen war. Und der einzige Ausweg aus diesem Dilemma war die kurze Pause, die der täglich kommende Pflegedienst ihr gewährte, wenn er für eine Stunde die Aufsicht übernahm. Und die reichte gerade einmal für die Dauer einer Meditations-CD.

Ach Gott, wie sehr sie es hasste, jeden Morgen diesen Raum zu betreten, Johanns erwartungsvolle Blicke zu spüren, diese Gerüche, seinen rasselnden Atem, das Piepsen und Pfeifen des Überwachungsmonitors. Nur mit äußerster Überwindung gelang es ihr, sich zurückzuhalten, um nicht einen dieser Schläuche aus dem Katheder zu reißen, oder den Stecker aus der Dose. Sie wollte ihn an den Schultern packen, diesen verhassten Mann, der ihr Leben zerstört hatte, wollte ihn schlagen, rütteln und schütteln, bis ihm die Luft wegblieb, ihn anschreien, aus dem Bett stoßen und auf ihm herumtrampeln. Sie wollte ein Kissen auf sein Gesicht drücken, bis es still darunter würde, totenstill.

Aber all das tat sie nicht. Nein. Sie rief sich jedes Mal wieder zur Ordnung. Mit eiserner Überwindung nahm sie einen Stuhl und setzte sich ans Bett. Sie wusste, was sich gehörte. Denn jeden Augenblick konnte draußen vor diesem großen, schönen, blank geputzten Blumenfenster ein Nachbar vorübergehen und der, der sollte nichts anderes sehen, als eine besorgte Ehefrau, die ihrem schwerkranken Mann das heilige Versprechen gegeben hatte, sich bis an sein seliges Ende fürsorglich und liebevoll um ihn zu kümmern, ihn aufopfernd und selbstvergessen zu hegen und zu pflegen. Denn was, ja, was würden sonst die Leute sagen?

22. Heimatgefühle

„Was für ein Firlefanz“, hörte er seine Mutter überlaut in ihr hoch erhobenes Gesangbuch brummen, „Dreckspfaffen!“, während vorne am Altar der Priester segnend die Hände hob und die Ministranten mit einer solchen Inbrunst die Weihrauchkessel schwenkten, dass das gesamte Kirchenschiff samt der darin versammelten Gemeinde von Gläubigen in einem dichten, nahezu undurchdringlichen Grauschleier zu versinken drohte. Mutter hatte nie viel von der kirchlichen Obrigkeit gehalten und je älter sie wurde, umso weniger Hehl machte sie daraus. Nun schienen sogar die kritischen Blicke der Verwandten und Nachbarn, die nach ihrem Ausruf unweigerlich folgten, an ihr abzuprallen.

Ludwig sah sich um. Alle waren gekommen. Das ganze Dorf war versammelt. Natürlich, das waren die Großereignisse in der Gemeinde: Hochzeiten, Taufen, Beerdigungen. Feste, bei denen man den im Alltag nicht vorhandenen Gemeinschaftssinn demonstrierte. Bei denen mit steigendem Alkoholkonsum die ärgsten Feinde, wenn es um Jagdreviere, Grundstücksgeschäfte, Gemeinderats- oder Vereinsvorsitze ging, plötzlich zu engsten Freunden wurden. Und bei denen die Honoratioren auch jenen auf die Schulter klopften, die sonst kaum oder gar nicht durch die engen Filter ihrer Wahrnehmung fielen, weil sie eben nicht dazugehörten oder nicht genügend Besitz ihr Eigen nennen konnten: Ehrlose, Habenichtse, Flüchtlinge und ledige

Kinder, um deren Abstammung sich allerlei Geheimnisse rankten, die man aber ungestraft in der Schule oder anderswo in den Dreck schubsen durfte, weil sich eh keiner um sie scherte.

Korbinian, der jetzt, wie immer, hinten in der letzten Reihe stand, dicht an die Kirchenwand gedrängt, als sehne er sich danach, von ihr verschluckt zu werden, war einer von denen. Ludwig erinnerte sich noch gut daran, wie er damals, als kleiner Bub, auf dem Schulhof, kreidebleich und bibbernd vor Angst, in die knorrigen Zweige des alten Hollerbusches schlüpfte, in der Hoffnung nicht gesehen zu werden, von all den Bauernburschen, die, unbeachtet von den Lehrern, ihrer Abneigung gegen ihn freien Lauf lassen konnten.

Korbinians Laufbahn im Dorf war vorgezeichnet mit seinem ersten Atemzug. Mutter, ledig, aus armseligen Verhältnissen, Vater unbekannt. Aus so einem konnte nichts anderes werden als ein Taugenichts. Einer, der ebenso früh dem Alkohol, wie der Bedeutungslosigkeit verfiel. Der froh sein musste, um die Noagal, die man ihm im Wirtshaus überließ, weil er für eine frische Mass eh kein Geld hatte.

Einmal aber hatte er noch von sich reden gemacht, der Korbinian, gerade so, als wolle er ein einziges Mal aufleuchten, wie ein fallender Stern in all der Düsternis seiner Existenz. Damals hatte er, sturzbetrunken, den neu gestifteten Einsatzwagen der Freiwilligen Feuerwehr, einen Sechstonner, frisch geweiht vom Segen des anwesenden Priesters, die Weihwassersprenkel waren noch nicht getrocknet, beim anschließenden Einweihungsfest, als alle im Bierzelt saßen, gestohlen und im Löschteich versenkt.

Verziehen hat man ihm das nicht. Aber geschadet hat es ihm wohl auch nicht, zumindest wurde ihm hinterher nicht mehr Verachtung entgegengebracht, als vorher. Was sollte man von so einem, wie ihn, schon erwarten? Der Wagen wurde von den Dorfburschen geborgen und in vielen ehrenamtlichen Stunden, deren Mühsal durch etliche Fässer Bier gemindert wurde, wieder funktionstauglich gemacht. Dieser Anlass war zumindest ein weiteres Dorffest wert.

Über Korbinians Abstammung wurde viel gemunkelt damals. Es gab wohl keinen zeugungsfähigen Mann im Sprengel, der nicht in den Verdacht geriet, sein Vater zu sein. Einzige Ausnahme in der Reihe der Verdächtigen war vielleicht der einschichtige Karl Denk, Fabrikarbeiter draußen im alten Messingwerk. Tag für Tag sah man ihn auf dem Weg von seinem heruntergekommenen kleinen Häusl, das seine Eltern, Heimatvertriebene aus Böhmen, ihm hinterlassen hatten, zu seiner Arbeit gehen und wieder zurück. Niemals sonst. Nicht in der Kirche, nicht im Wirtshaus und schon gar nicht im Festzelt. Den Kopf eingezogen, der Rücken gebeugt, die abgetragene alte Anzugjacke falsch geknöpft, die Schuhsohlen durchlaufen. Ein Mensch, in sich selbst verknotet, wie ein Knäuel verfilzter Wolle. Einer, der durch sein Leben schlich, als gehöre er nicht hierher. Einer, der in seiner Freizeit Bilder malte und Philosophiebücher las. Ein Kopfmensch, der sich nichts zu schaffen verstand. So einer wusste doch nichts anzufangen mit einem Weiberleut – nicht einmal mit so einer Dahergelaufenen, wie Korbinians Mutter.

Erst Jahre später wurde Ludwig bewusst, warum Korbinian ihn oft ansah, als würde er sich - gerade von ihm - Hilfe erwarten. Dann nämlich, als das Gerede im Dorf immer öfter seinen eigenen Vater betraf und die Auseinandersetzungen seiner Eltern, die ja im Grunde an der Tagesordnung waren, immer lauter und immer bösartiger wurden. Dann, als seine Mutter eines Sonntags mit einer Fleischgabel nach dem Vater warf, ehe sie ihn für immer aus der gemeinsamen Schlafkammer verbannte. Der Alte nahm es gelassen hin. Dehnte seine Wirtshausbesuche aus und schlief von nun an in dem kleinen Zimmer unterhalb der Dachschräge, das einst für Ludwigs Schwester Sofie bestimmt war, die jedoch ihren vierten Geburtstag nicht erlebte, nachdem sie von den Spielkameraden im Silo vom Lechnerbauer vergessen worden war.

Tagelang schrie Mutter ihren Schmerz hinaus, bis die Nachbarn schließlich den Priester holten, der ihr sagte, sie müsse sich zusammenreißen. Es sei schließlich gottgewollt, was geschehen war. Und den Willen Gottes würde sie doch nicht in Frage stellen wollen. Vielmehr solle sie sich fragen, für welche Sünde der Herr sie derart strafen musste. Jetzt müsse sie sich der Verantwortung besinnen, die sie ihrem Mann gegenüber hätte, der nun seinen Kummer in Schnaps und Bier ersäufen müsse.

Am Tag der Beerdigung war er so besoffen, dass Mutter und er alleine draußen am Gottesacker standen, umringt von einer krähenschwarzen Herde von Dorfbewohnern, zitternd im eiskalten Wind. Das Gesicht der Mutter so leuchtend und bleich, wie ein Wintermond, die Augen leergeweint. Nie im Leben würde er das bollernde Geräusch der Sandbrocken vergessen, die von der kleinen Schaufel in seiner Hand herab auf den winzigen, weißen Sarg in der Erdentiefe fielen. Nachts malte er sich in schweren Träumen aus, wie seine Schwester vergeblich versuchte, sich mit bloßen Händen ihren Weg zurück aus dieser trostlosen Dunkelheit zu graben. Dann sah er sie vor sich: Sofie, mit ihren feinen, blonden Haarsträhnen, durchzogen von Lehm und Morast, schwarze Schatten unter den einst so strahlend blauen Augen, den Mund zu einem stummen Schrei verzerrt.

Ludwigs schüttelte sich, um diese düsteren Erinnerungen zu verscheuchen.

Sein Blick wanderte hinüber zu den Frauenbänken. Noch immer saß man hier, streng getrennt, nach den alten Regeln. Die Männer rechts, die Frauen links. Die Reichen vorne und die Armen hinten. Gottgewollte Traditionen, die niemand zu verändern wagte! Aus der, fast wie die wollenen Noppen eines handgewebten Teppichs, in sich geschlossenen und dicht gedrängten Unzahl schwarzer Dirndlkleider, unter andächtig gesenkten Trachtenhüten, hob sich jetzt ein helles Augenpaar heraus und sah ihn an: Lisa! Lisa Rottmaier! Allein an diesen Augen hatte er sie wieder erkannt, immer noch so katzengrün, wie der Teich draußen auf der Waldlichtung. Sonst jedoch erinnerte nicht viel an die einstige Dorfschönheit, in die damals alle Burschen verliebt waren.

Die Jahre hatten es nicht gut gemeint mit ihr. Allzu schnell hatte die Zeit ihre gnadenlosen Spuren in das einst so hübsche Gesicht gegraben.

Wie stolz war er damals gewesen, als sie sich, eingehüllt in eine Wolke billigen Parfums, neben ihn auf den Beifahrersitz des gebrauchten Opel-Kadetts setzte, den er sich, auf Raten, gleich nach der Führerscheinprüfung gekauft hatte, um mit ihm die erste legale Testfahrt zu unternehmen. Die neidischen Blicke der gesamten Dorfjugend folgten ihnen, als sie mit quietschenden Reifen und dröhnendem Motor aus dem Dorf hinaus Richtung Stadt fuhren.

Bereits am ersten Baum oben an der engen Kurve zum Tannenwäldchen hin, fand die Spritztour ein jähes Ende. Der Wagen Totalschaden – Ludwigs Herz auch!

Als er Lisa das nächste Mal sah, saß sie auf einem anderen Beifahrersitz. Auf dem des nagelneuen BMWs von Gerald Huber, dessen Frau sie später wurde.

Damals erzählte man sich, welch Glück es für sie war, dass dieser reiche Bauernsohn sie nicht hatte sitzen lassen, dumm, mittellos und schwanger wie sie war. So einer hätte schließlich auch eine andere haben können. Eine, die mehr in so eine Ehe zu bringen hatte als sie.

Glücklich sah Lisa jedoch jetzt nicht aus, trotz teurem Brokatdirndl und handgefertigten Spitzenhut mit Fasanenfeder daran. Aber wie sollte sie auch, mit vier Kindern, einem gewalttätigen Ehemann, einer Schwiegermutter, die einem das Leben zur Hölle machte und einem bettlägerigen Schwiegervater, für dessen Pflege sie nun zuständig war? Natürlich engagierte man keine professionelle Hilfskraft – was würden sonst die Leute sagen? Hier auf dem Land wusste man noch, was Anstand war.

Der Traum von einem schicken Partyleben bei Prosecco und Late Macchiato hatte sich für Lisa ganz offensichtlich nicht erfüllt. Aber Dolce Vita und Müßiggang waren in der Welt der Dörfler ohnehin keine angesehenen Werte – im Gegenteil: Anerkennung fand man hier nur durch Arbeit und Fleiß und von all dem hatte sie nun mehr als genug.

Was wäre wohl geworden, hätte er damals die Kurve gekriegt, oben beim kleinen Tannenhölzchen? Wäre Lisa dann niemals in Geralds BMW eingestiegen? Hätte sie mit ihm eine Familie gegründet? Ein Haus gebaut? Ein braves, biederes Dorfleben geführt? Und – wären sie beide wohl glücklich geworden? Wer weiß?

Aber wie wäre er dann mit der Wahrheit umgegangen, die er selbst erst seit wenigen Stunden kannte? Im Grunde war er nicht einmal erstaunt, als seine Mutter es ihm erzählte, gestern beim gemeinsamen Abendessen, als er zum ersten Mal nach sieben Jahren wieder zurück in dieses Dorf kam, das ihm – genau wie damals – sogleich wieder wie ein Gefängnis erschien, um an der Beerdigung des Mannes teilzunehmen, dessen Sarg blumengeschmückt, dort vorne am Altar stand.

Des Mannes, den er bis gestern für seinen Vater hielt. Den er geliebt und gefürchtet hatte, und der ihm doch immer fremd geblieben war, fremd, wie alles hier.

Sie wolle diese Lüge nicht mit ins Grab nehmen, hatte die Mutter gesagt, es wäre nun an der Zeit.

Ja, aber leben hatte sie wohl gekonnt, mit dieser Lüge – und er musste es jetzt auch. Genauso, wie mit der Tatsache, dass er seinen wahren Vater nun nicht mehr kennenlernen würde, der schon vor Jahren, einsam und allein in seinem kleinen Häusl gestorben war. Dass er ihn – so in sich gekehrt und verknotet – im Gedächtnis behalten würde, ohne jemals mehr über ihn zu erfahren: Über Karl Denk, den Fabrikarbeiter, der in seiner Freizeit Bilder malte und Philosophiebücher las, dessen Eltern einst aus ihrer Heimat vertrieben wurden und die nie wieder eine Neue fanden, von dem jeder dachte, er wüsste nichts anzufangen mit einem ‚Weiberleit'.

Oben auf der Empore setzte die große Orgel nun zu einem gewaltigen Schlussakkord an, während die Totenträger in ihren dunkelgrünen Trachtenanzügen in ihre Gurte schlupften und sich anschickten, den schweren, blumengeschmückten Eichensarg anzuheben.

Ludwig ließ das Kleingeld, das er aus der Tasche seines Anzugs gefischt hatte, in den Klingelbeutel fallen. Nein, er würde nicht, wie alle anderen, hinaus auf den Friedhof gehen, und an der Seite seiner Mutter den würdigen Abschiedsworten und Beileidsbekundungen der Gemeinde lauschen.

Wortlos erhob er sich aus der knarzenden Kirchenbank. Seine eiligen Schritte hallten durch das hohe Gewölbe hindurch, als er, mit eingezogenem Kopf und gebeugtem Rücken, in sich gekehrt, wie ein Knäul verfilzter Wolle, durch die Reihen hindurch über den Mittelgang hinaus in die gleißende Sonne trat.